# Hybridation des Algorithmes Evolutionnaires Multiobjectifs

Slim Bechikh

# Hybridation des Algorithmes Evolutionnaires Multiobjectifs

## pour la Prise de Décision

Éditions universitaires européennes

**Mentions légales / Imprint (applicable pour l'Allemagne seulement / only for Germany)**
Information bibliographique publiée par la Deutsche Nationalbibliothek: La Deutsche Nationalbibliothek inscrit cette publication à la Deutsche Nationalbibliografie; des données bibliographiques détaillées sont disponibles sur internet à l'adresse http://dnb.d-nb.de.
Toutes marques et noms de produits mentionnés dans ce livre demeurent sous la protection des marques, des marques déposées et des brevets, et sont des marques ou des marques déposées de leurs détenteurs respectifs. L'utilisation des marques, noms de produits, noms communs, noms commerciaux, descriptions de produits, etc, même sans qu'ils soient mentionnés de façon particulière dans ce livre ne signifie en aucune façon que ces noms peuvent être utilisés sans restriction à l'égard de la législation pour la protection des marques et des marques déposées et pourraient donc être utilisés par quiconque.

Photo de la couverture: www.ingimage.com

Editeur: Éditions universitaires européennes est une marque déposée de
Südwestdeutscher Verlag für Hochschulschriften GmbH & Co. KG
Heinrich-Böcking-Str. 6-8, 66121 Sarrebruck, Allemagne
Téléphone +49 681 37 20 271-1, Fax +49 681 37 20 271-0
Email: info@editions-ue.com

Produit en Allemagne:
Schaltungsdienst Lange o.H.G., Berlin
Books on Demand GmbH, Norderstedt
Reha GmbH, Saarbrücken
Amazon Distribution GmbH, Leipzig
**ISBN: 978-3-8417-8965-5**

**Imprint (only for USA, GB)**
Bibliographic information published by the Deutsche Nationalbibliothek: The Deutsche Nationalbibliothek lists this publication in the Deutsche Nationalbibliografie; detailed bibliographic data are available in the Internet at http://dnb.d-nb.de.
Any brand names and product names mentioned in this book are subject to trademark, brand or patent protection and are trademarks or registered trademarks of their respective holders. The use of brand names, product names, common names, trade names, product descriptions etc. even without a particular marking in this works is in no way to be construed to mean that such names may be regarded as unrestricted in respect of trademark and brand protection legislation and could thus be used by anyone.

Cover image: www.ingimage.com

Publisher: Éditions universitaires européennes is an imprint of the publishing house
Südwestdeutscher Verlag für Hochschulschriften GmbH & Co. KG
Heinrich-Böcking-Str. 6-8, 66121 Saarbrücken, Germany
Phone +49 681 3720-310, Fax +49 681 3720-3109
Email: info@editions-ue.com

Printed in the U.S.A.
Printed in the U.K. by (see last page)
**ISBN: 978-3-8417-8965-5**

# Table des matières

# Liste des figures

# Liste des tables

# Liste des algorithmes

# Introduction générale

De très nombreux problèmes du monde réel impliquent l'optimisation simultanée de plusieurs objectifs qui sont souvent contradictoires. Dans le secteur de l'industrie, par exemple, il faut le plus souvent trouver un compromis entre les besoins technologiques et les coûts. La notion de solution optimale disparaît pour ce type de problèmes au profit de la notion de *compromis* entre les divers objectifs, ou de celle d'équilibre dans l'espace des objectifs. L'étude de compromis a donné lieu à la définition *des solutions optimales au sens de Pareto*. La notion d'équilibre a fait la jonction avec la théorie des jeux, débouchant notamment sur l'équilibre de Nash. Le travail présenté dans ce mémoire se concentre sur le premier de ces aspects qui se manifeste par la notion de dominance au sens de Pareto.

Les algorithmes évolutionnaires sont maintenant reconnus comme une technique particulièrement adaptée à la recherche de *la région de Pareto* puisqu'ils manipulent une population de solutions candidates à l'encontre des différentes méthodes traditionnelles qui manipulent en générale un seul point de l'espace de recherche. Cette particularité des algorithmes évolutionnaires rend possible l'obtention d'un ensemble de Pareto approché en un seul essai de l'algorithme sans obliger l'utilisateur à définir des paramètres supplémentaires tels que les poids relatifs aux objectifs à optimiser. Un autre avantage des algorithmes évolutionnaires, qui n'est pas spécifique seulement aux problèmes multi-objectif, réside dans le fait que ce type d'algorithmes peut résoudre aussi bien des problèmes discrets, continus ou mixtes.

Néanmoins ces algorithmes présentent quelques faiblesses. Une façon de combler les lacunes d'un algorithme et d'améliorer ses performances consiste à le combiner avec un autre algorithme de recherche. Ce phénomène est appelé *l'hybridation*. A travers la littérature, l'hybridation des algorithmes évolutionnaires la plus connue est l'hybridation avec les méthodes de recherche locale qui se caractérisent par leur rapidité de convergence vers l'optimum local. L'algorithme résultant de cette combinaison est dit *mémétique*. Il est à noter que le nombre des algorithmes mémétiques mono-objectif est élevé et la plupart des travaux s'orientent vers des applications à des problèmes de la vie réel. Tandis que le nombre d'algorithmes mémétiques multi-objectif est limité. Ceci nous a motivé à opter vers la réalisation de ce travail qui consiste, dans un premier temps, à étudier l'état de l'art de l'hybridation des algorithmes évolutionnaires dans les deux cas : mono-objectif et multi-objectif. Dans un second temps, nous concevons un algorithme mémétique multi-objectif qui est un résultat de l'hybridation d'un algorithme évolutionnaire multi-objectif, très cité à travers la littérature, nommé NSGA-II avec une méthode de recherche locale que nous avons appelée *Pareto Hill Climbing (PHC)*. Nous finirons par une étude empirique permettant de valider le modèle hybride ainsi conçu.

Ce mémoire est constitué de cinq chapitres. Le premier chapitre est destiné pour la présentation des concepts généraux de l'optimisation évolutionnaire multi-objectif. Ainsi, nous définissons la problématique de l'optimisation multi-objectif, par la suite nous décrivons quelques méthodes de résolutions en mettant l'accent sur les algorithmes évolutionnaires qui semblent les plus adaptées à la résolution des problèmes multi-objectif. Dans le second chapitre, nous étudions l'état de l'art de l'hybridation des algorithmes évolutionnaires en mettant en évidence le succès qu'a eu l'hybridation avec la recherche locale à travers de nombreux travaux. C'est pourquoi, dans le même chapitre, nous présentons la notion de recherche locale et les concepts liés. Le troisième chapitre a pour but d'étudier les problèmes de conception des algorithmes mémétiques multi-objectif. La plupart de ces problèmes sont issus du cas mono-objectif, ainsi nous les projetons sur le cas multi-objectif. Le quatrième chapitre est dédié à la présentation de notre nouvel algorithme hybride que nous avons nommé PHC-NSGA-II puisqu'il est le résultat de l'hybridation entre NSGA-II et PHC. Ainsi, nous décrivons en détail l'algorithme NSGA-II, la méthode PHC et par la suite nous illustrons l'interfaçage entre ces algorithmes. Le dernier chapitre est dédié à une étude empirique à travers laquelle nous confrontons notre PHC-NSGA-II à deux algorithmes évolutionnaires multi-objectif et deux algorithmes mémétiques multi-objectif. Par conséquent, notre travail est positionné par rapport à d'autres travaux bien cités à travers la littérature du domaine. Pour finir, nous exposons au niveau de la conclusion générale, les résultats atteints et les éventuelles perspectives futures.

# Chapitre I

# Optimisation Evolutionnaire Multi-objectif

## I.1   Introduction

Ce chapitre est consacré dans un premier temps pour la présentation des différents concepts et définitions liés à l'optimisation multi-objectif. Par la suite, nous présentons une classification des méthodes de résolution. Pour terminer, nous présentons un large éventail de ces méthodes en apportant un regard critique sur chacune d'elles. Nous mettons l'accent sur les algorithmes évolutionnaires multi-objectifs[1] (AEMOs) vu le grand succès qui l'ont eu dans la résolution de divers problèmes réels.

## I.2   Définitions

### I.2.1 Problème multi-objectif

Les problèmes d'optimisation de la vie réelle font souvent intervenir plusieurs objectifs à optimiser à la fois. Un problème multi-objectif ou encore un problème multi-critère peut être défini comme étant un problème dont on cherche un vecteur de variables de décision qui satisfait certaines contraintes et qui optimise un vecteur d'objectifs. Dans ce qui suit nous considérons que tous les objectifs sont à minimiser puisque le principe de dualité permet de transformer la minimisation en maximisation et vice versa. La forme générale d'un problème multi-objectif est la suivante :

$$
\begin{cases}
Min\ f_m(x) & m = 1,...,M; \\
g_k \geq 0 & k = 1,...,K; \\
h_j = 0 & j = 1,...,L; \\
x_i^{\min} \leq x_i \leq x_i^{\max} & i = 1,...,n.
\end{cases}
\qquad (\text{I.1})
$$

---

[1] Voir annexe A (page 78).

---

où M est le nombre de fonction objectif ; K le nombre de contraintes d'inégalité; L est le nombre de contraintes d'égalité; $x_i^{min}$ et $x_i^{max}$ sont les bornes inférieures et supérieures de chaque variable $x_i$ du problème. Ces bornes définissent l'espace de décision D.

### I.2.2 Terminologie

Le vecteur $x = (x_1, x_2, ..., x_n)$ est le vecteur de n variables de décision. Le terme domaine/espace de recherche est utilisé comme synonyme de l'espace de décision que pour désigner l'image de l'espace de décision dans l'espace des objectifs. Généralement, par une solution, on désigne un élément de l'espace de recherche. Notons qu'en tant que contraintes d'inégalité, nous considérons seulement des contraintes de type "supérieur-ou-égal" car les contraintes de type "inférieur-ou-égal" peuvent être transformées en des premières en appliquant le principe de dualité. Si une solution x ne satisfait pas au moins une des K contraintes d'inégalité ou une des L contraintes d'égalité, elle est dite solution infaisable, contrairement aux solutions faisables, qui vérifient l'ensemble des (K + L) contraintes du problème. L'ensemble des solutions faisables constitue la région faisable de l'espace de recherche ou encore l'espace faisable S (sous-ensemble de D).

## I.3    Problématique de l'optimisation multi-objectif

La problématique principale d'un problème multi-objectif est qu'il n'existe pas de définition de la solution optimale. Le décideur peut simplement exprimer le fait qu'une solution est préférable à l'autre mais il n'existe pas une solution meilleure que toutes les autres. Dès lors, résoudre un problème multi-objectif ne consiste pas à trouver la solution optimale mais l'ensemble des solutions faisables pour lesquelles on ne pourra pas effectuer une opération de classement. Les méthodes de résolution des problèmes multi-objectif sont alors des méthodes d'aide à la décision car le choix final est laissé au décideur. Pour répondre à cette problématique, la communauté scientifique a adopté deux types d'approches. La première est de ramener un problème multi-objectif à un problème mono-objectif au risque d'enlever toute signification du problème. La seconde approche est de tenter d'apporter des réponses au problème en considérant tous les critères simultanément. Cette partie de la communauté scientifique a ramené ces dernières années un grand nombre d'innovations dans les méthodes de résolution. La différence entre ces deux communautés est illustrée par le schéma de la figure I.1. Soit le décideur intervient dès le début dans la définition du problème, en exprimant ses préférences, afin de transformer un problème multi-objectif en un problème mono-objectif. Soit le décideur effectue un choix dans l'ensemble des solutions proposées par le solveur multi-objectif. La principale qualité d'un solveur est donc de rendre les décisions moins subjectives en proposant un sous-ensemble représentatif de l'espace des objectifs.

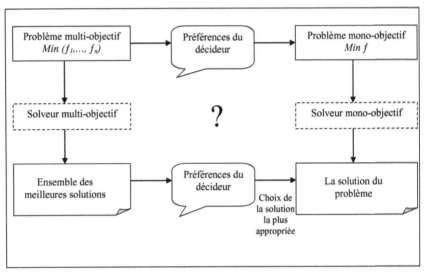

Figure I.1. Modes de résolution d'un problème multi-objectif.

## I.4   Classification des méthodes de résolution

Dans les différentes publications, nous rencontrons deux classifications différentes des méthodes de résolution des problèmes multi-objectif. Le premier classement adopte un point de vue utilisateur [96], les méthodes sont classées en fonction de l'usage que l'on désire faire. Le deuxième classement est plus théorique et plus conceptuel puisque les méthodes sont triées en fonction de leur façon de traiter les objectifs [97].

**Classification de point de vue utilisateur [96] :** cette classification est essentiellement utilisée en recherche opérationnelle. Les décisions sont considérées comme un compromis entre les objectifs et les choix spécifiques du décideur (contraintes de coût, de temps, etc.). Un décideur choisit une solution en fonction de l'aide qu'elle va lui apporter. On distingue alors :

- *Les méthodes a priori (décideur → recherche)* : Les solutions les plus intuitives pour résoudre des problèmes multi-objectif consistent souvent à combiner les différents objectifs en une fonction d'utilité suivant les préférences du décideur. Dans ce cas le décideur est supposé connaître les poids de chacun des objectifs afin de les mélanger dans une fonction unique. Ceci revient à résoudre un problème mono-objectif. Cependant, dans la plupart des cas, le décideur ne peut pas exprimer clairement sa fonction d'utilité, soit par manque d'informations ou d'expérience, soit parce que les différents objectifs sont non commensurables.

- *Les méthodes a posteriori (recherche → décideur)* : Le décideur prend sa décision d'après un ensemble de solutions faisables fournies par un solveur. Dans ce cas, la qualité de la solution dépend du choix de la méthode de résolution,

- *Les méthodes progressives ou interactives (décideur ↔ recherche)* : Dans ces méthodes, les processus de décision et d'optimisation sont alternés. Par moment, le décideur intervient de manière à modifier certaines variables ou contraintes afin de diriger le processus d'optimisation. Le décideur modifie ainsi le compromis entre ses préférences et les résultats.

**Classification de point de vue concepteur [97]** : Ce classement adopte un point de vue plus théorique qui s'articule autour des notions d'agrégation et d'optimum de Pareto[2]. Ces notions sont développées dans les sections suivantes car nous adoptons cette classification pour présenter les différentes méthodes.

- *Les méthodes agrégées* : Ces méthodes transforment un problème multi-objectif en un problème mono-objectif,

- *Les méthodes Pareto* : Ces méthodes sont fondées sur la notion de dominance au sens de Pareto qui privilégie une recherche satisfaisant au mieux tous les objectifs,

- *Les méthodes non agrégées et non Pareto* : Certaines méthodes n'utilisent aucun des deux concepts précédents. Alors que l'agrégation ou la dominance de Pareto traite les objectifs simultanément, ces méthodes traitent séparément les différents objectifs.

## I.5   Les méthodes de résolution

### I.5.1   Les méthodes agrégées

**La moyenne pondérée**

Cette méthode consiste à additionner tous les objectifs en leur affectant chacun un coefficient de poids. Ce coefficient représente l'importance relative à chacun des poids de

---

[2] Ce terme est défini par la suite (page 10).

point de vue décideur. Ceci transforme un problème multi-objectif vers une forme mono-objectif de la forme :

$$Min \sum_{i=1}^{M} w_i f_i(x) \text{ avec } w_i \geq 0, x \in D$$

(I.2)

$$w_i \text{ représente le poids affecté à l'objectif } i \text{ tel que } \sum_{i=1}^{M} w_i = 1$$

*Critique* : cette méthode est simple à mettre en oeuvre et elle est d'une grande efficacité. Mais, les difficultés essentielles de cette approche sont [98]:

1) Comment déterminer le poids de chaque critère ?
2) Comment exprimer l'interaction entre les différents critères ?

Une solution au (I.1) est d'utiliser une combinaison linéaire des objectifs et de faire varier les poids de façon à constater l'influence de tel ou tel objectif sur le résultat. Cette approche est facile à implémenter mais les résultats obtenus appartiennent à des zones convexes de l'espace de recherche. Les solutions localisées dans des zones non convexes sont ignorées. Le deuxième problème est plus délicat à résoudre car il existe plusieurs interactions entre deux critères $p$ et $q$ qui sont difficiles à exprimer à l'aide d'une somme pondérée :

- La corrélation positive ou négative entre $p$ et $q$ : Le décideur souhaite que la contribution de $q$ soit plus grande quand $p$ n'est pas là (est là) car $p$ et $q$ sont corrélés,
- L'interchangeabilité : Le décideur souhaite que la satisfaction d'un seul critère produise presque le même effet que la satisfaction des deux critères,
- La complémentarité : Le décideur souhaite que la satisfaction d'un seul critère produise très peu d'effet par rapport à la satisfaction des deux critères.

**La méthode ε-contrainte**

Le principe de cette méthode consiste à minimiser un objectif $f_i$ en gardant les autres objectifs $f_j$ (avec $j \neq i$) inférieurs chacun à une valeur $\varepsilon_j$ correspondante. En général, l'objectif choisi est celui que le décideur souhaite optimiser en priorité.

$$\begin{cases} Min \, f_i(x), x \in D \\ f_j(x) \leq \varepsilon_j, \forall j \neq i \end{cases}$$

(I.3)

De cette manière, un problème mono-objectif sous contraintes peut être résolu. Le décideur peut ensuite réitérer ce processus sur un objectif différent jusqu'à ce qu'il trouve une solution satisfaisante.

_Critique_ : la méthode ε-contraintes est capable de retrouver les meilleures solutions appartenant à des régions non convexes de la surface des compromis, à la différence de l'approche de la somme pondérée. En terme de paramètres demandés, ces deux approches sont équivalentes. Le choix du vecteur ε est très important et il est lié à plusieurs difficultés. Notamment, chaque valeur de $\varepsilon_j$ doit être choisie entre les valeurs extrémales de l'objectif correspondant $f_i$.

**La programmation par but**

Le décideur fixe un objectif $T_l$ à atteindre pour chaque objectif $f_i$. Ces valeurs sont ensuite ajoutées au problème comme des contraintes supplémentaires. La nouvelle fonction objectif est modifiée pour minimiser la somme des écarts entre les résultats et les buts à atteindre :

$$Min\sum_{i=1}^{M} w_i |f_i(x) - T_i|, x \in D, w_i \geq 0$$

$T_i$ représente la valeur à atteindre pour l'objectif $f_i$. 　　　　(I.4)

$w_i$ représente le poids affecté à l'objectif $i$ tel que $\sum_{i=1}^{M} w_i = 1$.

_Critique_ : nous pouvons reprendre la critique faite pour la méthode de la somme pondérée. La méthode est facile à mettre en œuvre mais la définition des objectifs à atteindre est une question délicate qui détermine l'efficacité de la méthode. Cette méthode a l'avantage de fournir un résultat même si un mauvais choix initial a conduit le décideur à donner un ou plusieurs but(s) $T_l$ non réalisable(s).

### I.5.2　Les méthodes non agrégées non Pareto

A l'encontre des méthodes agrégées qui combinent les objectifs dans une seule fonction coût, ces méthodes traitent les objectifs du problème (I.1) séparément. Les plus connues sont :

**VEGA (Vector Evaluated Genetic Algorithm)**

Shaffer propose en 1985 une extension d'un algorithme génétique simple pour la résolution d'un problème multi-objectif [1]. La seule différence avec un algorithme génétique est la manière dont s'effectue la sélection. L'idée est comme suit. Si nous avons M objectifs et une population de P individus, une sélection de P/M individus est effectuée pour chaque objectif. Ainsi, M sous-populations sont créées, chacune d'elles contenant les P/M meilleurs individus pour un objectif particulier. Les M sous-populations sont ensuite mélangées afin d'obtenir une population de taille P. Le processus se termine par l'application des opérateurs génétiques (croisement et mutation).

*Critique* : la méthode VEGA a tendance de créer des sous-populations dont les meilleurs individus sont spécialisés pour un objectif particulier. L'évolution de la population favorise l'apparition des espèces. En effet, comme la méthode de sélection ne tient compte que d'un seul objectif, elle privilégie les individus qui obtiennent une bonne performance pour cet objectif. Dès lors, ces individus ne sont sélectionnés que lorsqu'on effectue la sélection sur cet objectif. Les individus que Schaffer appelle les individus « milieu » (ayant une performance générale acceptable mais ne possédant aucun critère fort), sont éliminés car ils ne sont sélectionnés dans aucune sous-population. Cette disparition entraîne la spécialisation des individus pour chaque objectif. Ce résultat est contraire au but initial de la méthode qui était de trouver un compromis entre les différents objectifs. Malgré ces imperfections, cette méthode est souvent utilisée car elle facilement implantable avec un algorithme génétique.

**Utilisation des genres**

En 1992, Allenson a proposé une méthode qui utilise la notion de genre (féminin ou masculin) et d'attracteur sexuel pour traiter un problème à deux objectifs [2]. En affectant un genre à chaque objectif, l'auteur espère minimiser les deux objectifs à la fois puisque un genre sera toujours jugé selon l'objectif qui lui a été associé. L'attracteur donne la capacité à chaque individu de s'accoupler avec un individu meilleur que lui.

*Critique* : l'utilisation des genres est un bon moyen de maintenir la diversité dans la population pour chaque objectif. De plus, le fait que l'individu ne transmette pas systématiquement son genre va éviter la création d'espèces comme dans la méthode VEGA.

**La méthode lexicographique**

Fourman propose une méthode dans laquelle les objectifs sont préalablement rangés par ordre d'importance par le décideur [3]. Ensuite, la recherche de l'optimum s'effectue en minimisant tout d'abord l'objectif le plus important puis le deuxième et ainsi de suite.

*Critique* : Le risque essentiel de cette méthode est la grande importance attribuée aux objectifs classés en premier. La meilleure solution trouvée pour le plus important objectif fait converger l'algorithme vers une zone restreinte de l'espace de recherche et fait enfermer les points dans une niche[3].

---

[3] Analogie avec les niches écologiques : ensemble d'individus situés dans un espace restreint.

### I.5.3  Les méthodes Pareto

L'idée d'utiliser le concept de *la dominance au sens de Pareto* a été proposée par Goldberg [4] pour résoudre les problèmes proposés par Schaffer [1]. Au XIX$^{\text{ème}}$ siècle, Vilfredo Pareto, un mathématicien italien, formule le concept suivant [5] : dans un problème multi-objectif, il existe un équilibre tel que l'on peut pas améliorer un critère sans détériorer au moins l'un des autres. Cet équilibre a été appelé *optimum de Pareto*. Un point x de S est dit *Pareto-optimal* s'il n'est dominé par aucun autre point de l'espace de recherche. Ces points sont aussi appelés *solutions non inférieures* ou *solutions non dominées*.

**Définition de la dominance :** la solution $x_i$ du problème (I.1) est dite dominer une autre solution $x_j$, si les conditions suivantes sont vérifiées :

1)  $f_m(x_i) \leq f_m(x_j) \ \forall m \in \{1,..., M\}$ (I.5)

2)  $\exists m \in \{1,..., M\} \ tel \ que \ f_m(x_i) < f_m(x_j)$ (I.6)

Si la solution $x_i$ domine la solution $x_j$, nous écrivons $x_i \prec x_j$. Par la suite, les solutions équivalentes au sens de la dominance seront parfois évoquées comme solution équivalentes au sens de Pareto ou encore, comme solutions Pareto-équivalentes. Dans l'exemple de la figure I.2, les points 1, 3 et 5 ne sont dominés par aucun autre point. Alors que le point 2 est dominé par le point 3, et que le point 4 est dominé par les points 3 et 5.

**Définition de la dominance faible :** la solution $x_i$ du problème (I.1) domine *faiblement* une autre solution $x_j$, si la condition I.7 est vérifiée :

3)  $f_m(x_i) \leq f_m(x_j) \ \forall m \in \{1,..., M\}$ (I.7)

**Optimalité de Pareto :** soit P un ensemble de solutions candidates d'un problème d'optimisation multi-objectif. L'ensemble P' inclus dans P, composé de tous les éléments de P qui ne sont dominés par aucun élément de P est dit sous-ensemble non dominé de l'ensemble de solutions P. De façon analogue aux solutions optimales globales et locales dans le contexte de l'optimisation mono-objectif, les notions d'optimum local et d'optimum global au sens de Pareto peuvent être introduites. L'ensemble de Pareto global du problème d'optimisation multi-objectif est l'ensemble de points tels qu'aucun autre point de l'espace faisable S ne les domine. Souvent, l'ensemble de Pareto global est évoqué simplement comme l'ensemble de Pareto ou encore l'ensemble des compromis optimaux. Cet ensemble est constitué des solutions non dominées du problème d'optimisation, appelées aussi solutions de Pareto ou solutions Pareto optimales de ce problème. L'image de l'ensemble de Pareto dans l'espace des critères est appelée la surface de Pareto (ou le front de Pareto dans le cas de problème bi-objectif), ou également la surface des compromis optimaux. De manière similaire, un sous-ensemble P' de l'espace de décision est appelé ensemble de Pareto local si tout point de P' est Pareto optimal dans un sous-ensemble de l'espace décision qui le contient. La figure I.3 présente des exemples de fronts de Pareto (illustrés en gras).

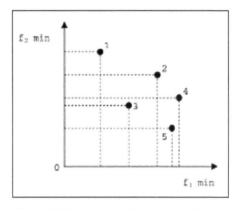

Figure I.2. Exemples de dominance de Pareto.

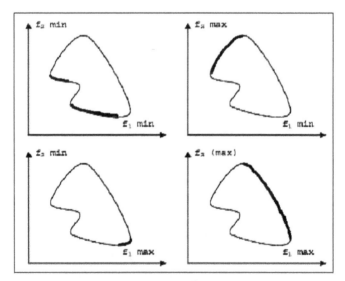

Figure I.3. Exemples de fronts de Pareto.

Un concept très important selon lequel les méthodes Pareto peuvent être classées est *l'élitisme* qui consiste à conserver toutes les solutions non dominées d'une génération à une autre le long du processus de recherche.

### I.5.3.1   Les méthodes Pareto non élitistes

**MOGA (Multi-Objective Genetic Algorithm)**

En 1993, Fonceca et Fleming ont proposé une méthode dans laquelle chaque individu de la population est rangé en fonction du nombre d'individus qui le domine [6]. Dans leur algorithme, pour chaque solution i, le nombre $n_i$ de solutions la dominant est calculé, et le rang $r_i = (1+n_i)$ lui est associé. Le rang de chaque solution non dominée est donc égal à 1 et le rang maximal ne peut pas être plus grand que la taille de la population. La performance attribuée à chaque individu est basée sur son rang. La fonction qui transforme le rang en une valeur de performance est à maximiser.

*Critique* : La façon de calculer la performance est simple dans MOGA. Mais, d'autre part, bien que le concept de dominance soit utilisé pour calculer le rang d'une solution, différentes solutions appartenant au même front non dominé (à part le premier) n'ont pas nécessairement la même performance. Ceci peut impliquer quelques biais indésirables vers certaines solutions dans l'espace de recherche. En particulier, l'algorithme peut être sensible à l'allure de la frontière de Pareto ou à la densité des solutions sur cette frontière.

**NSGA (Non-dominated Sorting Genetic Algorithm)**

En 1993, Srivinas et Deb ont proposée une méthode dans laquelle le calcul de fitness s'effectue en séparant la population en plusieurs groupes en fonction du degré de dominance au sens de Pareto de chaque individu [7]. Le double objectif convergence-diversité est atteint, d'une part, par l'utilisation d'un schéma du calcul de la performance qui préfère les solutions non dominées et d'autre part l'application de la technique du partage (sharing) entre les solutions du même front non dominé.

*Critique* : L'avantage principal de NSGA est que les valeurs des performances sont attribuées aux individus sur la base de l'ensemble non dominé auquel ils appartiennent. Ceci permet à l'algorithme d'assurer la progression de la population vers la surface Pareto-optimale le long de tout le front. De plus, le partage dans l'espace de décision assure la diversité génotypique des solutions. La technique de partage peut être également appliquée dans l'espace des objectifs. Notons cependant que l'utilisation du partage demande de fixer certains paramètres qui ont une influence très importante sur la performance de l'algorithme.

**NPGA (Niched Pareto Genetic Algorithm)**

En 1993, Horn et Napfliotis [8] ont proposé une approche basée sur la dominance au sens de Pareto mais qui diffère des approches présentées ci-dessus dans la sélection des solutions. Les auteurs définissent une procédure de sélection par tournoi. Deux solutions $x_i$ et $x_j$ sont tirées d'une manière aléatoire de la population de taille N. Une sous-population N' de taille t $\ll$ N est choisie aléatoirement. Chaque solution de la sous-population est comparée aux deux solutions $x_i$ et $x_j$. Deux situations sont possibles :

- Si l'une des deux solutions domine le sous-ensemble de solutions, alors cette solution est retenue pour la sélection,

- Si les deux solutions dominent le sous-ensemble de solutions ou les deux solutions sont dominées par au moins une solution de N', on calcule le compteur de niche pour chacune des deux solutions. La solution dont le compteur de niche est plus petit est sélectionnée pour la reproduction. Cette étape permet de sélectionner les parents qui feront l'objet de reproduction pour générer une nouvelle population.

*Critique* : La préservation de la diversité des solutions ainsi que la convergence de la méthode vers la frontière de Pareto sont assurées par le principe de tournoi. La méthode nécessite la définition de deux paramètres : un paramètre de partage ($\sigma_{share}$) pour déterminer le vainqueur entre deux solutions équivalentes, et un paramètre $t$ relatif à la taille de la sous-population N'. Cette approche est plus sensible que les méthodes présentées précédemment. En plus que les paramètres de sharing, l'utilisation de cette méthode ajoute un paramètre supplémentaire fixer par l'utilisateur, $t$. Ce dernier permet de régler aisément la pression sur la population. Mais, il faut faire attention au compromis entre représentativité et élitisme car la taille de l'échantillon sélectionné est plus influente dans ce cadre de problème que dans une utilisation de la sélection par tournoi classique. Les solutions trouvées sont de bonne qualité et cette approche est plus rapide que les approches précédentes car le partage n'est appliqué que sur une portion de la population.

### I.5.3.2    Les méthodes Pareto élitistes

Les approches que nous venons de voir sont dites non élitistes car :

1) Elles ne conservent pas toutes les solutions non dominées au cours du temps,
2) Elles maintiennent difficilement la diversité sur la frontière de Pareto,

3) La convergence des solutions vers la frontière de Pareto est lente.

Pour résoudre ces difficultés de nouvelles techniques ont été appliquées [9, 12] :

1) Introduction d'une nouvelle population externe ou archive permettant de stocker les solutions non dominées d'une génération à une autre,

2) Utilisation des technique de niching, de clustering[4] et de grid-based pour répartir les efficacement les individus sur la région de Pareto,

3) Préférence pour les solutions non dominées.

Dans ce qui suit nous présentons quelques exemples de méthodes Pareto élitistes très citées à travers la littérature.

**SPEA (Strengh Pareto Evolutionary Approach)**

En 1998, Zitzler et Thiele [9] ont proposé une nouvelle méthode d'optimisation multi-objectif possédant les caractéristiques suivantes :

1) Utilisation du concept de Pareto pour comparer les solutions non dominées,

2) Un ensemble de solutions non dominées est maintenu dans une population externe appelée *archive*,

3) La fonction fitness de chaque individu est calculée par rapport aux solutions stockées dans l'archive,

4) Toutes les solutions de l'archive participent à la sélection,

5) Une technique de clustering est utilisée pour réduire l'archive sans détériorer ses caractéristiques,

6) Une nouvelle méthode de niche, basée sur la dominance de Pareto, est utilisée pour préserver la diversité. L'avantage essentiel est qu'elle n'exige pas de réglage de paramètres de sharing.

*Critique* : Cette méthode distribue efficacement les solutions sur la frontière de Pareto. La façon d'affecter la fitness permet de bien échantillonner les individus dans l'espace. L'inconvénient est que l'assignation de la fitness est dépendante de la taille de la population externe définie par l'utilisateur.

**Autres méthodes élitistes**

D'autres méthodes élitistes plus sophistiquées ont été proposée récemment : SPEA2 [10] (version modifiée de SPEA), NSGA-II [11] (version modifiée de NSGA), PAES [12] (méthode n'utilisant pas une population principale mais seulement une archive. Elle utilise

---

[4] Cette technique est décrite en annexe A (page 78).

aussi une technique de clustering), PESA [13] (version améliorée de PAES), PESA-II [14] (version modifiée de PESA). Ces méthodes ont des performances généralement meilleures que celles déjà décrites et elles incorporent de nouveaux mécanismes permettant d'assurer de plus la convergence, la diversité et la distribution des solutions qui sont les objectifs à atteindre par une méthode d'optimisation évolutionnaire multi-objectif.

## I.6 Conclusion

Les algorithmes évolutionnaires multi-objectifs semblent les plus adaptés à la résolution de problèmes multi-critère vu que le résultat de tel problème ne se résume pas en une solution optimale mais plutôt en un ensemble de solutions non dominées ou encore Pareto-optimales. Les AEMOs Pareto élitistes ont montré leur supériorité en terme de performance par rapport aux autres méthodes. Malgré les résultats trouvés, les AEMOs font face à des difficultés dans la résolution de problèmes ayant un niveau de difficulté assez élevé. C'est pourquoi, la communauté scientifique a opté pour la combinaison de ces métaheuristiques avec d'autres algorithmes de recherche, phénomène appelé l'hybridation. Il en résulte alors des AEMOs hybrides qui ont la capacité de donner des résultats meilleurs que les AEMOs pures et qui sont capables de surmonter les difficultés liées à tel ou tel problème multi-objectif. Dans le chapitre suivant, nous présentons les différentes techniques d'hybridation des AEMOs.

# Chapitre II
# Hybridation des Algorithmes Evolutionnaires

## II.1 Introduction

Les algorithmes évolutionnaires (AEs) représentent un champ de recherche très actif. Ces métaheuristiques ont eu le succès dans la résolution de plusieurs problèmes difficiles qu'ils soient mono-objectif ou multi-objectif. Cependant, les AEs possèdent quelques faiblesses. Une façon d'améliorer les performances d'un algorithme ou de combler certaines de ses lacunes consiste à le combiner avec une autre méthode de recherche [15]. Ce principe général, appelé l'hybridation, peut s'appliquer pour un grand nombre de méthodes qu'elles soient exactes ou approchées. Les algorithmes évolutionnaires ne font pas l'exception à la règle, et une multitude d'algorithmes hybrides ont fait leur apparition ces dernières années. On se propose dans ce chapitre de présenter une vue globale sur les techniques d'hybridation des algorithmes évolutionnaires en premier lieu. Il est à noter que l'hybridation de tels algorithmes de recherche avec la recherche locale (RL) est la plus nommée et a fournie de très bons résultats. C'est pourquoi en deuxième lieu, nous présentons quelques méthodes de RL.

## II.2 Motivations pour l'hybridation des AEs

En abordant la littérature, plusieurs raisons ont encouragé les chercheurs à hybrider les AEs avec d'autres méthodes de recherche [16, 17], les plus pertinentes sont :

- L'amélioration des performances des AEs en augmentant la rapidité et le taux de la convergence vers l'optimum et la diversification des solutions.
- L'uniformité des génotypes due à la stabilisation de la valeur du fitness après un certain nombre de générations.
- La capacité des AEs à diriger la recherche vers les zones prometteuses susceptibles de contenir des optima globaux.
- L'ambiguïté des raisons de succès des AEs hybrides, puisque la performance de ces derniers reste définie seulement sur la base d'expérimentations. C'est pourquoi Talbi

et Preux [16] ont mené des recherches dans le but de relever cette ambiguïté et ce en reliant entre les deux concepts suivants :

- o L'algorithme de recherche,
- o La structure de l'espace de recherche.

Cette problématique a motivé Talbi et Preux à travailler de plus sur les AEs hybrides afin de déterminer de bonnes directives pour le processus d'hybridation.

- La capacité des AEs hybrides à traiter des problèmes de la vie réelle ayant un niveau de complexité élevé [36, 37].

Plusieurs techniques d'hybridation des algorithmes évolutionnaires avec d'autres méthodes d'optimisation ont été adoptées par les chercheurs. Dans la section suivante, nous présentons ces techniques selon deux classifications : (1) classification de Talbi et Preux [16, 18] et (2) classification de Grosan et Abraham [17].

**Classification de Talbi et Preux**

Une première classification des techniques d'hybridation des AEs a été proposée dans [16, 18]. Elle est basée sur la manière dont les algorithmes de recherche sont mis. Nous distinguons l'hybridation *séquentielle* et l'hybridation *parallèle* qui elle-même se divise en hybridation *parallèle synchrone* et hybridation *parallèle asynchrone*. Nous détaillons ces approches dans ce qui suit.

❖ *Hybridation séquentielle (HS)*

Elle consiste a mettre en cascade deux ou plusieurs algorithmes de recherche et ce en :

- i. créant la population initiale de l'AE par un autre algorithme de recherche (exemple : Heuristique de Greedy),
- ii. arrêtant l'exécution de l'AE et terminant la phase finale de l'optimisation par une méthode recherche locale (exemple : La descente de gradient),
- iii. recombinant les deux techniques.

La figure II.1 présente trois scénarii différents d'hybridation séquentielle. Pour le premier, un recuit simulé est exécuté en premier lieu et puis la sortie de cet algorithme est considérée comme entrée pour l'AE qui à son tour assure la tâche d'exploration de la population. Dans le second scénario, la sortie de l'AE qui n'est qu'une population de solutions est cédée à la méthode de recherche tabou afin de l'exploiter. Et pour le troisième scénario, la population est initialisée par un recuit simulé, puis explorée par un AE et enfin raffinée par une recherche tabou.

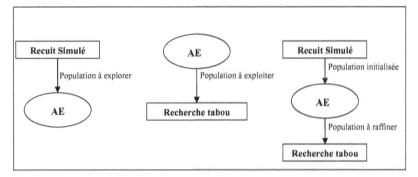

Figure II.1. Trois scénarii d'hybridation séquentielle.

Une critique fondamentale à faire pour les AEs [16] consiste dans le fait qu'après un certain nombre d'itérations, la population devient uniforme et la fonction d'adaptation ne décroît/accroît plus. Par conséquent, la probabilité de production d'individus mieux adaptés devient très faible. Ceci conduit à deux cas possibles :

- L'AE n'est plus capable à savoir qu'il a trouvé un optimum local ou un optimum global, donc on doit s'échapper de ce point afin d'explorer d'autres optima.

→ Ceci peut être résolu en réinitialisant l'AE par une nouvelle population espérant qu'il ne tombera plus dans le même problème.

- L'ensemble des solutions trouvées doit être bien exploité et bien raffiné afin de trouver celles meilleurs.

→ Ceci peut être résolu en appliquant une recherche locale, à l'aide d'une recherche tabou par exemple, à la sortie de l'AE qui n'est qu'un ensemble de solutions à raffiner.

Nous remarquons alors que la résolution des deux problèmes s'est effectuée par la mise en *pipeline* (en cascade) de deux ou plusieurs algorithmes de recherche. Il s'agit bien donc d'une *hybridation séquentielle.* Il est important de signaler que la recherche tabou qui est une métaheuristique d'optimisation globale est considérée comme méthode de RL. En fait, dans le cadre de l'hybridation des AEs, la communauté scientifique considère de telles méthodes comme des algorithmes de RL. Cette problématique est détaillée par la suite.

❖ *Hybridation parallèle (HP)*

A l'encontre de l'hybridation séquentielle où deux ou plusieurs méthodes de recherche sont mises en séquence afin d'améliorer l'exploration et l'exploitation de l'espace de recherche, l'hybridation parallèle désigne :

- Soit l'intégration d'une méthode de recherche locale dans le cycle de l'AE : on parle alors d'*hybridation parallèle synchrone (HPS)*,

- Soit la coopération entre AE et algorithmes d'optimisation : on parle alors d'*hybridation parallèle asynchrone (HPA)*.

Dans ce qui suit, nous détaillons ces deux approches.

➢ **Hybridation parallèle synchrone (HPS)**

Il s'agit d'intégrer un algorithme de recherche comme *opérateur* de l'AE. Dans ce cas, au lieu d'utiliser un simple opérateur génétique, on utilise un algorithme d'optimisation qui prend en entrée un individu donné pour renvoyer un individu amélioré. Ce type d'hybridation est dit *synchrone* car les algorithmes sont synchronisés avec une grande précision. Le travail [19] présente un AE hybride parallèle synchrone dans lequel un recuit simulé est utilisé comme opérateur de mutation. La figure II.2 permet de mieux illustrer ce type d'hybridation.

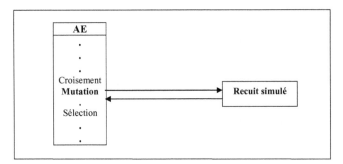

Figure II.2. Recuit simulé comme opérateur de mutation.

➢ **Hybridation parallèle asynchrone (HPA)**

A la différence de l'HPS où une méthode de recherche est considérée comme étape de l'AE, l'HPA désigne la coopération entre algorithmes à travers un système de communication afin de déterminer l'optimum. Il existe deux types de HPA :

- **Homogène** dans le cas où tous les algorithmes sont identiques (exemple : plusieurs algorithmes génétiques (AG) coopérant ensemble).

- **Hétérogène** dans le cas où les algorithmes en coopération sont différents (exemple : AG + recuit simulé + recherche tabou).

La figure II.3 présente deux exemples de HPA de types différents.

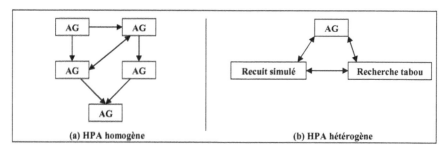

Figure II.3. Exemples de HPA.

Selon cette figure, nous remarquons que les algorithmes coopèrent ensemble à la recherche de l'optimum, on distingue alors trois types de coopération [16] :

➢ **Globale :** Tous les algorithmes explorent le même espace de recherche, chacun à sa façon, puis les résultats sont confrontés. Dans ce cas, il faut bien gérer l'espace de recherche puisqu'il est partagé entre plusieurs algorithmes lors de l'exécution de ces derniers.

➢ **Partielle :** Dans cette approche, le problème à optimiser est subdivisé en sous-problèmes. Ainsi l'espace de recherche est subdivisé à son tour en plusieurs sous-espaces de recherche. Par la suite, chaque algorithme est dédié à l'exploration d'un seul sous-espace de recherche. Enfin, les algorithmes communiquent ensemble afin de trouver l'optimum.

➢ **Fonctionnelle :** Les algorithmes résolvent plusieurs problèmes. Chaque algorithme résout un problème donné. Par exemple, dans le travail [20], une recherche tabou est utilisée pour résoudre le problème d'affectation quadratique, alors qu'un AG assure la tâche de diversification des solutions qui est elle-même formulée comme étant un problème d'optimisation. On remarque alors que chaque algorithme a un problème à traiter d'où la nomination de coopération fonctionnelle.

**Classification de Grosan et Abraham**

Une classification très récente des techniques d'hybridation des AEs est proposée dans [17], elle classifie les AEs hybrides selon l'approche avec laquelle l'AE est combiné. Cette classification est résumée par la table II.1.

| Nom de la classe | Exemples |
|---|---|
| AE + AE | [21] |
| AE + Réseaux de neurones | [22] |
| AE + Logique floue | [23] |
| AE + Essaims particulaires | [24] |
| AE + Colonie de fourmis | [25] |
| AE + Recherche bactérienne | [26] |
| AE + Connaissances a priori | [27] |
| AE + Recherche locale ou autres | [28] |

Table II.1. Classification des techniques d'hybridation des AEs selon Grosan et Abraham.

## II.3  Exemples d'AEs hybrides

Nous présentons quelques exemples d'AEs hybrides mono-objectif et multi-objectif. Nous constatons que peu de travaux visent le développement du cadre conceptuel générique de l'hybridation alors que la plupart d'eux sont orientés vers la résolution de problèmes réels.

**AEs hybrides mono-objectif**

| Problème traité | Type hybridation[5] | Type hybridation[6] | Exemples |
|---|---|---|---|
| - | HS | AG + Recuit simulé | [29] |
| - | HS | AG + Recuit simulé | [30] |
| Routage global macro-cellulaire | HS | AG + AG | [31] |
| - | HS | AG + Recherche tabou | [32] |
| - | HS | AE + Recherche locale | [33] |
| Affectation quadratique | HPS | AG + Recuit simulé | [19] |
| Voyageur de commerce | HPS | AG + Recherche locale | [35] |
| Affectation quadratique | HPS | AG + Recherche tabou | [36] |
| Coloriage de graphe | HPS | AG + Recherche tabou | [37] |
| Sac à dos + couverture d'ensemble | HPS | AG + Recherche locale | [38] |
| Affectation quadratique | HPA | AE + Recherche tabou | [39] |
| - | HPA | AG + Recherche tabou | [20] |
| Ordonnancement | HPA | Plusieurs AG | [40] |
| Partition d'ensemble | HS+HPA+HS | Plusieurs AG | [41] |
| Partition d'ensemble | HPS + HPA | Plusieurs AG | [42] |
| Problème de proximité des examens | HPA | AE + Colonies de fourmis | [28] |

Table II.2. Exemples d'AEs mono-objectif hybrides.

Nous constatons à travers la table II.2 que les chercheurs du domaine ont utilisé les AEs mono-objectif hybrides dans la résolution de plusieurs problèmes d'optimisation combinatoires bien cités tels que le voyageur de commerce, l'affectation quadratique, le sac à

---

[5] Selon Talbi et Preux.
[6] Selon Grosan et Abraham.

dos, les problèmes d'ordonnancement, etc. En plus, nous remarquons que l'hybridation avec des méthodes de recherche locale est très fréquente.

**AEs hybrides multi-objectif**

| Problème traité | Type hybridation[7] | Type hybridation[8] | Exemples |
|---|---|---|---|
| Routage des véhicules | HS + HPA | AE + recherche locale | [43] |
| Gestion de portefeuilles de crédits | HPS | AE + recherche locale | [44] |
| Ordonnancement | HPS | AE + recherche locale | [23] |
| Routage de flottes de véhicules hétérogènes | HPS | AE + recherche locale | [24] |
| Problème de proximité des examens | HPS | AE + recherche locale | [28] |
| - | HPA | AE + Réseaux de neurones | [22] |
| Ordonnancement | HPS | AE + logique floue | [45] |
| Problèmes d'électromagnétique | HPA | AE + Essaims particulaires | [46] |
| Conception de réseaux bi-critère | HPS | AE + recherche locale + logique floue | [47] |
| Coloriage de graphes | HPA | AG + AG | [21] |
| - | HPA | Plusieurs AG | [48] |

Table II.3. Exemples d'AEs multi-objectif hybrides.

D'après la table II.3, nous remarquons que l'hybridation parallèle synchrone avec la recherche locale est la plus fréquente pour les AEMOs hybrides. Nous remarquons aussi qu'il existe des chercheurs qui hybrident les méthodes de recherche d'une manière séquentielle et parallèle à la fois. En effet, l'hybridation d'un algorithme évolutionnaire avec une méthode de recherche locale a fait apparaître une nouvelle classe d'algorithmes dénommée la famille des *algorithmes mémétiques*[9]. Ces algorithmes ont eu un grand succès dans la résolution de problèmes à uni-objectif ou à objectifs multiples. C'est pourquoi, dans ce qui suit nous présentons quelques concepts liés à RL ainsi nous décrivons quelques méthodes de RL.

## II.4 Recherche locale

Cette section a pour objet de définir la notion de la recherche locale et de présenter quelques méthodes d'optimisation locale. Dans une première partie, nous introduisons quelques concepts généraux utiles pour la compréhension du reste de la section. Par la suite,

---

[7] Selon Talbi et Preux.
[8] Selon Grosan et Abraham.
[9] Ce terme sera détaillé dans le chapitre III (page 37).

nous présentons quelques méthodes de recherche d'optima locaux. Ainsi nous les classifions en deux classes : (1) les méthodes non gradient et (2) les méthodes gradient.

## II.4.1 Concepts généraux

### Problème d'optimisation : piège des optima locaux

Dans la vie courante, nous sommes fréquemment confrontés à des problèmes d'optimisation plus ou moins complexes. Cela peut commencer au moment que l'on tente de ranger son bureau, de placer son mobilier et aller jusqu'à un processus industriel, par exemple la planification des tâches. Ces problèmes peuvent être exprimés sous la forme générale d'un problème d'optimisation. On définit alors une fonction objectif (fonction de coût ou fonction de profit) qu'on cherche à optimiser (maximiser ou minimiser). Dans la littérature, deux sortes de problèmes d'optimisation sont appelées des problèmes « difficiles » [49] :

- Certains problèmes d'optimisation combinatoire pour lesquels on ne connaît pas de méthode de résolution exacte « rapide »,
- Certains problèmes d'optimisation à variables continues pour lesquels on ne connaît pas d'algorithmes permettant de repérer un optimum global à coût sûr en un temps fini de calculs.

En pratique, l'objectif n'est pas d'obtenir un optimum absolu mais seulement une approximation de ce dernier. La problématique qui se pose à ce niveau est que pour un problème donné, on trouve un ou plusieurs optima locaux qui peuvent piéger le processus de recherche de l'optimum global. Ces concepts d'optima locaux et globaux sont décrits dans le paragraphe suivant.

### Fonction objectif à une variable

Sur un ensemble $X$ de solutions $x$, avec $X \subset \Re$, on cherche à optimiser une fonction $f$ appelée fonction objectif. Un exemple d'une telle fonction à une dimension est présenté dans la figure II.4. Il s'agit d'une fonction à une variable réel $x$, pouvant varier entre 0 et 1, dont on cherche le minimum. Cette fonction présente :

- Un minimum global ❺ : $x^* = 0,4666$ ; $f(x^*) = 0,01048$.
- Un minimum local ❹ : presque aussi bas que le minimum global, mais situé dans une vallée plus large.
- Plusieurs autres minima locaux ❶. ❷. ❸ situés dans des vallées plus ou moins étroites et profondes.

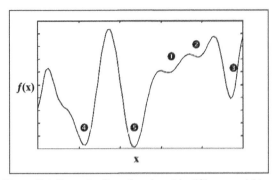

Figure II.4. Exemple d'une fonction objectif à une variable.

**Fonction objectif à plusieurs variables**

Soit $x$ un vecteur de dimension finie $n$ dont les composants $x_i$ vérifient $a_i \le x_i \le b_i$, avec $i = 1..n$ où $a_i$ et $b_i$ sont les composantes données de deux vecteurs $A$ et $B$, de dimension $n$ chacun. $A$ et $B$ définissent un domaine hyper-rectangulaire que l'on note $X \subset \Re^n$.

Soit la fonction $f$ à valeurs réelles définie comme suit

$$x \to \Re^n$$
$$x \to f(x)$$

Dans la suite, nous nous intéressons uniquement à la recherche des minima d'une fonction puisque un problème de maximisation peut toujours se ramener à un problème de minimisation. Le problème considéré donc est celui de trouver le ou un minimum global de $f$ et d'éviter d'être piégé dans un minimum local.

- $f(x^*)$ est un minimum local : $[\exists \varepsilon > 0 \, / \, \forall x \in X : \, \| x - x^* \| < \varepsilon$ ➡ $f(x) \ge f(x^*)]$ et $x^* \in X$.
- $f(x^*)$ est un minimum global : $\forall x \in X, f(x) \ge f(x^*)$ et $x^* \in X$.

$$\text{Pour un minimum global : } f(x^*) = y^* = \min_{x \in X} \{f(x)\}$$

**Voisinage et transformation élémentaire**

Le principe d'une méthode itérative est d'engendrer, à partir d'une solution de départ $x_0$, une suite finie de solutions $x_{i+1}$ étant calculée à partir de $x_i$ tel que $f(x_{i+1}) < f(x_i)$, $\forall i$. Pour mettre en œuvre ce mécanisme, il est impératif de définir la *transformation élémentaire (ou locale)* permettant d'engendrer la nouvelle solution $x_{i+1}$ à partir de la solution courante $x_i$. Une transformation n'est considérée élémentaire que si elle ne modifie que « faiblement » la solution courante. Une transformation élémentaire ou encore le passage d'une solution $x_i$ à une autre $x_{i+1}$ s'effectue par *un mouvement $m(x_i)$* :

$$x_i \rightarrow x_{i+1} = m(x_i) \in M(x_i)$$

où *M(x_i)* est l'ensemble de tous les mouvements qu'on peut effectuer à partir d'une solution $x_i$. On dit alors qu'une solution *s(x_i)* ainsi obtenue par *m(x_i)* est *voisine* de la solution $x_i$. L'ensemble des solutions pouvant être obtenues à partir de $x_i$ en appliquant un nombre finis de transformations élémentaires est nommé *le voisinage* de $x_i$, soit *S(x_i)*. Le voisinage *S(x_i)* d'une solution $x_i$ peut être représenté par la figure II.5. Deux notions importantes sont à définir à ce niveau qui sont (1) *la taille* du voisinage et (2) *la distance* du voisinage :

> ➤ *La taille* du voisinage *N* représente le nombre de voisins d'une solution quelconque.

> ➤ *La distance* du voisinage est une fonction dans l'espace de recherche *E* :

$$dist : E \times E \rightarrow \mathfrak{R}^n$$

Le voisinage d'une solution *x* sera défini alors : *S(x) = {y∈E tel que dist(x, y) ≤ ε}*, *ε* étant une borne supérieure sur la valeur que peut prendre la fonction distance appelée *distance* ou *étendu* du voisinage. On dit que *y* est dans le *ε-voisinage* de *x*. La question qui se pose à ce niveau est comment générer un voisinage ? En d'autres termes, comment générer des voisins pour une solution quelconque ?

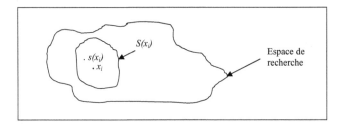

Figure II.5. Voisinage d'une solution.

**Stratégies de génération de voisinage**

Nous présentons des exemples de stratégies de génération de voisinage pour un espace de recherche discret et par la suite pour un espace de recherche continu. Il importe de noter que dans le cas d'un espace continu, le cas devient plus compliqué.

❖ *Cas d'un espace de recherche discret*

Nous présentons dans cette sous-section, deux manières de générer des voisins respectivement pour deux problèmes d'optimisation combinatoire bien connus qui sont le voyageur de commerce *(TSP : Trvavel Salesman Problem)* et *le problème de satisfiabilité (SAT)*.

Pour le problème du TSP, on suppose qu'un voyageur part d'un point A et que toutes les distances entre les villes sont connues, on veut déterminer le plus court chemin pour visiter tous les points et revenir au point A. La figure II.6 permet de mieux appréhender ceci.

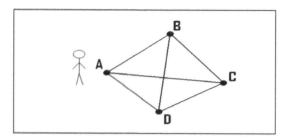

Figure II.6. Problème du voyageur du commerce.

L'espace de recherche est composé d'un ensemble de configurations. Une configuration correspond à un chemin de *A* vers *A*, en passant par tous les points, appelée cycle hamiltonien. La fonction d'évaluation est à minimiser. Elle correspond à la longueur du cycle, c'est-à-dire la somme des longueurs des arrêtes qui composent le cycle. Les voisins d'une configuration quelconque sont générés par l'opérateur de voisinage *k-échange* appelée aussi *k-opt* avec k un entier donné souvent égale à 2 ou 3. Donc un mouvement de type 2-échange (2-opt) consiste à remplacer deux arrêtes adjacentes *(A, B)* et *(C, D)* par les nouvelles arrêtes *(A, C)* et *(B, D)*.

Pour le problème de satisfiabilité (SAT) qui consiste générer le plus possible de clauses vraies. La modélisation d'une solution se fait à l'aide d'une chaîne de caractères souvent binaires. Le caractère « 0 » correspond à l'état « faux » et le caractère « 1 » correspond à l'état « vrai ». Une stratégie de générer des voisins est d'utiliser l'opérateur *1-flip* [50] qui consiste à changer l'état d'un bit de la chaîne binaire. La figure II.7 représente l'action que fait l'opérateur *1-flip*.

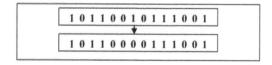

Figure II.7. L'opérateur *1-flip* pour le problème de satisfiabilité.

❖ *Cas d'un espace de recherche continu*

La génération du voisinage est plus compliquée dans ce cas puisqu'il s'agit de *mailler* un espace de recherche continu. Ce *maillage* peut être défini comme étant la substitution de l'espace de recherche par un ensemble fini de valeurs continues issues de cet espace. L'idée la plus simple étant d'utiliser la distance euclidienne. On génère des points de l'espace de recherche de sorte que la distance euclidienne (équation II.1) de chacun ne dépasse pas la distance du voisinage.

$$dist(x, y) = \sqrt{\sum_{i=1}^{n} (x_i - y_i)^2} \qquad \text{(II.1)}$$

Une autre façon de générer des voisins d'une solution $s$ est d'utiliser la méthode proposée dans [51] qui est basée sur la construction des hyper-rectangles. Cette méthode a été proposée dans le cadre de l'adaptation de la recherche tabou pour la résolution de problèmes continus. En effet, à partir d'une solution $s$, on essaye de générer des voisins chacun appartenant à la région définie par deux hyper-rectangles adjacents. Ces hyper-rectangles sont concentriques ayant comme centre le point de l'espace définissant la solution $s$. La figure II.8 illustre un ensemble de voisins générés par cette méthode dans un espace à deux dimensions.

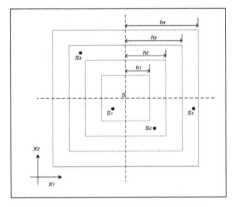

Figure II.8. Exemple de génération de voisins par la méthode des hyper-rectangles.

**Recherche globale versus recherche locale**

Dans tout ce chapitre, le terme d'optimisation globale fait référence à la recherche d'optima globaux de la fonction objectif. De ce point de vue, la méthode d'optimisation globale vise la détermination des optima globaux du problème en évitant le piégeage dans l'un des optima locaux. Néanmoins, cette dénomination présente une certaine ambiguïté, car on rencontre souvent dans la littérature la dénomination de « *méthode de recherche locale* » ou encore en anglais *« local search method »*, qui fait référence au mécanisme de recherche par voisins successifs. Ainsi, la recherche tabou est une méthode de recherche locale [20] (la solution testée est une voisine de celle courante) et peut être d'un autre point de vue une méthode d'optimisation globale (la méthode est capable de déterminer les optima globaux de la fonction objectif). Nous pouvons partager les méthodes de recherche en deux catégories :

- Celles qui permettent de déterminer un minimum local : on les appelle méthodes de recherche locale,
- Celles qui s'efforcent de trouver un optimum global : on les appelle méthodes de recherche globale.

Ces méthodes ne s'excluent pas mutuellement. En effet, afin d'améliorer les performances d'une méthode de recherche, plusieurs chercheurs combinent les deux types d'algorithmes. Dans le cas de la recherche tabou [52], on combine les deux types d'algorithmes. Une recherche globale permet bien explorer l'espace de recherche, cette phase est appelée *la diversification*, et une méthode de recherche locale permet de bien exploiter une zone prometteuse (susceptible de contenir un minimum global) localisée lors de l'exploration de l'espace de recherche, cette phase est appelée *intensification*. Par analogie, au niveau des algorithmes évolutionnaires [16], la diversification correspond à la phase de *l'exploration* et l'intensification correspond à la phase de *l'exploitation*. L'étude [16] montrent plusieurs travaux d'hybridation des AEs avec des méthodes de recherche locale qui sont utilisées pour trouver les meilleurs voisins d'une solution donnée, ainsi on trouve une recherche tabou comme opérateur de mutation [59, 70], donc la recherche tabou prend comme entrée un individu (chromosome) et essaye de trouver dans son voisinage le meilleur voisin, ainsi la recherche tabou qui est une métaheuristique d'optimisation globale est utilisée dans ce cadre comme méthode d'optimisation locale puisqu'elle joue le rôle d'un algorithme de recherche locale. Aussi, on rencontre un recuit simulé qui assure le raffinage local des solutions d'un AE [19]. En conclusion, selon notre cadre de travail qui consiste à hybrider entre AE et méthode de RL, de telles métaheuristiques sont considérées comme des méthodes de RL [58].

### II.4.2 Méthodes de recherche locale

Dans cette section, nous présentons quelques méthodes de recherche locale, ainsi on les classifie selon deux familles : (1) les méthodes gradients et (2) les méthodes non gradient appelées encore méthodes à base de voisinage.

**Méthodes de gradient**

Il s'agit d'une famille de méthodes d'optimisation basées sur le calcul du gradient d'une fonction $f$, soit $\nabla f$. La définition du gradient d'une fonction est donnée par l'équation (II.2).

$$\nabla f(x_1, x_2, ..., x_n) = (\frac{\partial f}{x_1}, \frac{\partial f}{x_2}, ..., \frac{\partial f}{x_n})$$

(II.2)

avec $f$ une fonction continue et dérivable en tout point de l'espace de recherche

Le schéma de base de ces méthodes correspond au schéma de la méthode de *l'amélioration itérative* ou encore *méthode de descente* appelée en anglais « *Hill Climbing Method* » qui essaye de trouver une solution meilleure à partir d'une courante, itération par itération, d'où vient sa nomination. Dans un premier temps, nous présentons la méthode de *descente du gradient* qui s'inspire directement de l'amélioration itérative puis nous détaillons les méthodes *Multistart* pour terminer par la citation d'autres méthodes gradient qui ne font pas l'objet de notre travail.

❖ *La descente du gradient*

Historiquement, les méthodes de gradient sont les plus anciennes. Elles permettent de résoudre des problèmes non linéaires [53]. Elles sont basées sur une hypothèse forte qui est la connaissance de la dérivée de la fonction objectif en chacun des points de l'espace. Cette famille de méthode procède de la façon suivante : On choisit un point de départ $x_0$ et on calcule le gradient en $x_0$, soit $\nabla f(x_0)$. Comme le gradient indique la direction de la plus grande augmentation de $f$, on se déplace d'une quantité $\lambda_0$ dans le sens opposé (cas de minimisation) au gradient et on définit le point $x_1$ :

$$x_1 = x_0 - \lambda_0 (\nabla f(x_0) / \|\nabla f(x_0)\|)$$

(II.3)

Cette procédure est répétée et engendre les points $x_0, x_1, ..., x_k$. Ainsi, pas à pas, la distance entre le point d'indice k et l'optimum diminue.

$$x_{K+1} = x_K - \lambda_K (\nabla f(x_K) / \|\nabla f(x_K)\|)$$

(II.4)

$\lambda_k$ est le pas de déplacement à chaque itération.

Si $\lambda_k$ est fixé, on parle de méthode de gradient à *pas pré-déterminé*. L'inconvénient de cette procédure est que la convergence est très dépendante du choix du pas de déplacement. La convergence peut être très lente si le pas est mal choisi. L'intérêt principal de cette méthode est de pouvoir se généraliser aux cas de fonctions non partout différenciables. Actuellement, la méthode la plus utilisée de cette famille est la méthode de la *plus forte pente (Steepest Descent)*. Elle permet de se libérer du choix d'un $\lambda_k$ mais elle introduit un critère d'arrêt. Le but de cette méthode est de minimiser la fonction de $\lambda$ donnée par l'équation II.5.

$$g(\lambda) = f(x_k - \lambda \nabla f(x_k)) \tag{II.5}$$

L'algorithme II.1 présente le pseudocode de l'algorithme de la descente du gradient.

Début
$x_0$ ← solution aléatoire
$k$ ← 0
**Répéter**
    $d_k$ ← $-\nabla f(x_k)$
    Déterminer $\lambda_k$ tel que : $f(x_k + \lambda_k.d_k)$ = Min$\{f(x_k + \lambda_k.d_k)\}$ pour $\lambda \geq 0$
    $x_{k+1}$ ← $x_k + \lambda_k.d_k$
    $k$ ← $k+1$
**Jusqu'à** condition(s)_arrêt_satisfaite(s)
Fin

Algorithme II.1. Pseudocode de l'algorithme de la descente du gradient.

Le défaut majeur de cette méthode est que la convergence peut être ralentie dans certains types de fonctions :

- Si les déplacements sont optimaux, on en déduit que deux directions de déplacements successifs sont orthogonales [53]. Donc des fonctions de type vallée[10] étroite ou allongée vont piéger les $x_k$ et ralentir la convergence,
- Si la fonction est convexe alors ces algorithmes d'optimisation convergent vers l'optimum global. Mais dans le cas d'une fonction non convexe, on risque de converger vers un optimum local dépendant de la valeur du point de départ $x_0$ du processus de la recherche,
- Si la fonction présente des zones plates, la convergence est ralentie,
- Si la fonction présente des zones raides, la recherche est fortement influencée par ces pentes plus que par la progression vers le sommet (cas de la maximisation).

Une manière d'éviter ces problèmes est d'utiliser les méthodes *Multistart*.

❖ *Les méthodes Multistart*

---

[10] Le terme vallée est utilisé car nous considérons que nous sommes dans un problème de minimisation. S'il s'agit du cas de maximisation, le terme pic est utilisé.

Les méthodes *Multistart* [54] effectuent une recherche locale qui part de plusieurs points répartis dans l'espace de recherche. Avant de lancer le processus de recherche, il faut réaliser un maillage. L'efficacité de cette méthode dépend de la bonne adéquation entre le maillage et la forme de la fonction objectif. Si le maillage est trop grand, la probabilité de trouver l'optimum global sera faible car certaines vallées ne seront pas traitées. Si le maillage est trop petit, la recherche globale sera inefficace car plusieurs points vont être présents dans la même vallée et convergeront donc vers le même optimum. Pour éviter ce dernier inconvénient, la méthode a été améliorée en introduisant la notion du *cluster* (regroupement). Le regroupement des points voisins permet de diminuer le nombre de calculs en évitant les recherches locales redondantes. Les points à partir desquels la recherche locale est relancée étant choisis plus minutieusement dans chaque cluster, l'efficacité de l'algorithme est ainsi augmentée. Les méthodes *Multistart* sont efficaces dans de nombreux problèmes et elles sont simple à mettre en œuvre. L'inconvénient principal est que le choix du maillage de l'espace de recherche doit être suffisamment précis pour être efficace, sinon la convergence vers l'optimum global ne peut pas être assurée. L'alternative pour éviter le maillage est de générer les points aléatoirement. Les méthodes utilisant cette technique s'appèlent *méthodes Random Multistart*.

L'inconvénient majeur de la descente du gradient et des méthodes *Multistart* est leur hypothèse de dérivabilité qui les rend inaptes à traiter des problèmes réels non différentiables. De plus, leur déplacement déterministe dans l'espace de recherche engendre des temps de calcul très important dans certaines conditions :

- Espace de recherche très grand,
- Mauvais paramétrage de la méthode (paramètres du maillage, valeur du pas de déplacement),
- Pièges de certaines fonctions (fonction plateau par exemple).

❖ *Autres méthodes gradient*

A travers la littérature, on distingue plusieurs autres méthodes à base de gradient telles que la programmation séquentielle quadratique, l'algorithme de Newton, l'algorithme quasi-Newton, la méthode Levenberg-Marquardt, etc. Pour une description détaillée de ces méthodes, le lecteur est invité à consulter la référence [53]. L'hypothèse forte de dérivabilité rend ces méthodes inapplicables à pas mal de problèmes surtout pour le cas multi-objectif où souvent pas toutes les fonctions objectif ne sont dérivables. C'est pourquoi la communauté scientifique a opté pour l'utilisation des méthodes *non gradient* ou encore *à base de voisinage* qui sont décrites dans ce qui suit.

**Méthodes non gradient ou à base de voisinage**

L'objectif principal de ce type d'algorithmes est de découvrir de meilleures solutions en explorant le voisinage de chacune des solutions en cours du traitement. La méthode la plus simple est *l'amélioration itérative* qui part d'une solution initiale $s$ dite courante dans le but d'explorer ses voisins. Le meilleur voisin remplace $s$ et devient à son tour la solution courante. Ce processus est répété jusqu'à la satisfaction d'une ou plusieurs condition(s) d'arrêt. L'inconvénient majeur de cette méthode est que le processus de recherche peut être piégé facilement dans un optimum local. C'est pourquoi les chercheurs ont opté pour le développement d'algorithmes de recherche locale guidés par des règles permettant de surmonter l'obstacle des optima locaux. Les plus connues de ces méthodes sont *la recherche tabou* [52] et *le recuit simulé* [55]. L'originalité de la méthode de *recherche tabou* vient du fait qu'à chaque itération, on explore le voisinage d'une solution courante $s$ et on retient le meilleur voisin même si celui-ci est plus mauvais que la solution $s$ d'où il vient. Ce critère permet à cette méthode de surmonter le piégeage dans un optimum local. En effet, lorsque l'algorithme a quitté un minimum quelconque par l'acceptation d'une solution plus mauvaise, il peut revenir sur ses pas, à l'itération précédente. Pour régler ce problème, l'algorithme a besoin d'une mémoire qui conserve, pendant un moment donné, les meilleures solutions déjà visitées. Ces solutions sont déclarées *tabou*, d'où le nom de *recherche tabou*. Elles sont stockées dans une liste de longueur $L$ donnée, appelée *liste tabou*. Une nouvelle solution n'est acceptée que si elle n'appartient pas à cette liste ce qui évite le cyclage de l'algorithme, durant la visite d'un nombre de solutions au moins égal à la longueur de la liste tabou, et il dirige l'exploration vers ders régions non encore visitées. Le fonctionnement de la recherche tabou est simple et d'une grande efficacité (« Tabou bat tout ! »). Ses inconvénients résident dans le fait que (1) les paramètres sont peu intuitifs, (2) la demande de ressources est importante si la liste tabou est très importante et (3) cette méthode n'a aucune démonstration de la convergence [56].

*Le recuit simulé* trouve ses origines dans la thermodynamique. Cette méthode est issue d'une analogie avec le phénomène physique du refroidissement lent d'un corps en fusion, qui le conduit à un état solide de basse énergie. Il faut abaisser lentement la température, en marquant des paliers suffisamment lents pour que le corps atteigne un équilibre thermodynamique à chaque palier de température. Pour les matériaux, cette basse énergie se manifeste par l'obtention d'une structure régulière comme dans les cristaux et l'acier. L'analogie exploitée par le recuit simulé consiste à considérer une fonction $f$ à minimiser comme fonction d'énergie, et une solution $x$ comme un état donné de la matière dont $f(x)$ est l'énergie. Le recuit simulé exploite généralement le critère défini par l'algorithme de Metropolis [57] pour l'acceptation d'une solution obtenue par perturbation de la solution courante. Pour une température $T$ donnée et à partir d'une solution $x$, on considère une transformation élémentaire qui changerait $x$ en $s(x)$. Si cette perturbation induit une diminution de la fonction objectif $f$, $\Delta f = f(s(x)) - f(x) < 0$, alors elle est acceptée. Dans le cas inverse, $\Delta f = f(s(x)) - f(x) \geq 0$, la perturbation est acceptée tout de même avec une probabilité $p = exp(-\Delta f/T)$. Le paramètre de contrôle $T$ qui représente la température du système influe sur la probabilité d'accepter une solution plus mauvaise. A une température élevée, la probabilité d'acceptation d'un mouvement quelconque tend vers 1 : presque tous les mouvements sont acceptés. L'algorithme est alors équivalent à une marche aléatoire dans l'espace de recherche. Cette température est diminuée lentement au fur et à mesure du déroulement de l'algorithme pour simuler le processus de refroidissement des matériaux, et sa diminution est suffisamment lente pour que l'équilibre thermodynamique soit maintenu. Cette méthode est simple et très rapide à mettre en œuvre. Sa convergence est démontrée via des chaînes de Markov [56], la prédiction du futur à partir du présent ne nécessite pas la connaissance du passé. Plus clairement, cette méthode ne nécessite pas de mémoire (passé) afin de trouver les espaces de recherche locaux suivants (futur). Par conte L'efficacité du recuit simulé dépend fortement du choix de ses paramètres de contrôle dont le réglage reste très empirique. Les principaux paramètres sont : (1) la valeur initiale de la température, (2) la fonction de décroissance de la température, (3) le critère de changement du palier de la température et (4) les critères d'arrêt. On peut conclure alors que le recuit simulé et la recherche tabou surmontent l'obstacle des minima locaux par le biais de l'acceptation d'une solution plus mauvaise que celle courante.

## II.5  Conclusion

Les AEMOs hybrides ont montré leur efficacité par rapport aux AEMOs purs. L'hybridation avec la recherche locale est la plus utilisée et la plus citée à travers la littérature. Cette dernière a donnée naissance à une nouvelle famille d'algorithmes dite la famille des algorithmes *mémétiques*. Les méthodes de recherche locale sont diverses. La famille la plus ancienne est celle de la descente. Les plus connues de cette famille sont les méthodes de gradient qui impose la connaissance des dérivées des fonctions objectif en chacun des points de l'espace de recherche. En plus, ces méthodes traitent généralement des problèmes continus. Par contre, des méthodes récentes plus évoluées telles que la recherche tabou, le recuit simulé et d'autres méthodes ont montré leur performance et leur capacité à trouver des optima locaux de bonne qualité. Le champ d'applicabilité de ces méthodes est très large à savoir les problèmes d'optimisation discrets et ceux continus et ceci que ce soit dans le cadre mono-objectif ou celui multi-objectif. Le chapitre suivant est dédié pour la présentation des algorithmes mémétiques ainsi que la description des problèmes de conception de tels algorithmes de recherche.

# Chapitre III

# Algorithmes Mémétiques Multi-objectifs

## III.1 Introduction

Les algorithmes mémétiques (AMs) [58, 59] s'inspirent de certains modèles d'adaptation dans la nature, qui combinent l'évolution adaptative de populations d'individus avec l'apprentissage des individus au cours de leur vie. Le terme « algorithme mémétique » trouve son origine dans le concept de « meme » introduit par Richard Dawkins dans son livre « The Selfish Gene » [60], qui représente une unité d'information qui évolue avec les échanges d'idées entre individus. Une différence fondamentale entre les notions de gènes (manipulés par les algorithmes génétiques) et de « memes » est que ces derniers sont adaptés par la personne qui les transmet en introduisant ses réflexions et déductions personnelles, alors que les gènes sont transmis tels quels. Du point de vue optimisation, les algorithmes mémétiques sont des extensions des algorithmes évolutionnaires utilisant des procédures de recherche locale pour améliorer leurs individus. Ces algorithmes se retrouvent dans la littérature sous plusieurs autres noms : algorithmes génétiques hybrides [35], recherche locale génétique [61], algorithmes évolutionnaires Baldwiniens [62], algorithmes évolutionnaires Lamarkiens [63]. Dans ce chapitre, nous décrivons cette famille d'algorithmes en mettant en évidence les problèmes de conception liés aux AMs multi-objectifs. Il est à noter que ces difficultés de conception sont issues en grande partie du cas mono-objectif.

## III.2 Origine du mot « meme »

### Analogie avec l'évolution des arts martiaux

L'évolution des arts martiaux est un bon exemple pour expliquer le concept de « meme » [58]. Si on prend en particulier le Kung-Fu chinois, on remarque que la naissance de cet art martial date depuis quatre milles années environ. Ici, nous allons nous intéresser aux aspects de combat de cet art et la façon selon laquelle ces derniers sont préservés et transmis d'une génération à une autre. Les études de comportements humains ont montré que l'Homme a tendance à combattre son adversaire avec une séquence de mouvements très désordonnée.

Par contre, les mouvements du Kung-Fu chinois représentent une combinaison extraordinaire de simplicité et d'efficacité. Le degré de développement de cet art jusqu'aujourd'hui est une conséquence du bon passage de l'information entre les maîtres du Kung-Fu d'une génération à une autre et aussi de la bonne représentation des messages transmis entre les générations. En effet, tous les arts martiaux exploitent la capacité du cerveau à se rappeler des séquences d'actions de combat, donc les connaissances sont transmises par l'apprentissage d'un ensemble de séquences de mouvements appelées *formes*. Comme un chromosome, une forme est une entité indivisible, elle est composée d'une séquence d'actions défensives et agressives. Ceci ressemble à la structure d'un chromosome contenant des gènes qui comprennent des allèles. Dans une forme, il existe des mouvements indivisibles. Ces unités non décomposables sont d'une grande importance [58]. Le but de la pratique du Kung-Fu est de rendre ces unités indivisibles comme étant des réflexes qui se déclenchent automatiquement dans un combat réel. Les praticiens de cet art sont évalués selon la performance de l'exécution des formes du Kung-Fu, donc selon leur forme physique (*fitness*), on peut alors leur attribuer une note (leur attribuer une valeur de fitness par analogie avec les algorithmes évolutionnaires). C'est pourquoi qu'on trouve des praticiens qui ont une ceinture rouge, d'autres possédant celle noire, etc. Ici, il est intéressant d'étudier comment l'information (forme du Kung-Fu) s'améliore d'une génération à une autre. Il est important de noter que ce n'est pas tous les praticiens sont aptes à enseigner le Kung-Fu mais seulement ceux ayant le meilleur fitness (possesseurs de ceintures noires) ont ce droit. Ceci nous rappelle du mécanisme de la sélection pour la reproduction dans le cas d'un algorithme évolutionnaire qui choisit les individus meilleurs.

**Le concept de « meme »**

R. Dawkins, dans le dernier chapitre de son livre « The Selfish Gene » [60] a introduit le mot « meme » pour désigner une unité d'imitation culturelle (style vestimentaire, façon de parler, une mélodie, etc.) qui dans certains de ces aspects est analogue au gène. Dans le contexte des arts martiaux, les mouvements non décomposables définis dans le paragraphe précédent, sont considérés comme des « memes ». Un mouvement défensif est généralement composé par la coordination de plusieurs de ces memes. Donc l'évolution des arts martiaux, en fait, est une évolution d'un ensemble de memes. Selon R. Dawkins, les arts martiaux restent l'un des meilleurs exemples de memes puisque le praticien apprend les mouvements élémentaires (memes), du Kung-Fu à titre d'exemple, améliore la performance de son exécution de ces gestes (améliore sa condition physique (fitness)), et par la suite s'il obtient la ceinture noire (sélection), alors il peut enseigner le Kung-Fu à d'autres personnes, par conséquent, il participe dans la création de nouveaux individus praticiens (croisement). Finalement, dans le cas d'une grande maîtrise, il peut créer de nouveaux mouvements de cet art martial (mutation) mais c'est peu probable. Ceci peut être résumé par la table III.1.

| Evolution des arts martiaux | Algorithme mémétique |
|---|---|
| Forme | Chromosome (individu) |
| Meme | Gène |
| Evaluation d'un praticien du Kung-Fu | Calcul du fitness d'un individu |
| Améliorer son niveau | Recherche locale |
| Obtenir un bon niveau permettant d'enseigner le Kung-Fu | Etre Sélectionné pour la reproduction |
| Enseigner le Kung-Fu et donc créer de nouveaux individus praticiens. | Croisement |
| Avoir un très haut niveau qui permet au praticien de créer de nouveaux mouvements | Mutation (peu probable) |

Table III.1. Analogie entre l'évolution des arts martiaux et la recherche locale génétique.

## III.3 Conception des algorithmes mémétiques multi-objectifs

### III.3.1 Définition d'un algorithme mémétique

Un algorithme mémétique est un algorithme évolutionnaire incorporant un ou plusieurs mécanismes de recherche locale [58]. En effet, la RL peut être introduite à un ou plusieurs endroits dans le cycle évolutionnaire. A travers la figure III.1, on remarque que la RL peut intervenir :

- En créant la population initiale,
- En raffinant l'ensemble des solutions non dominées (le résultat de l'AE),
- Comme opérateur de l'AE,
- En combinant toutes ces approches.

Du point de vue du dilemme « exploration versus exploitation », les algorithmes mémétiques permettent de faire un compromis judicieux entre la capacité des AEs à explorer l'espace de recherche et l'habileté des heuristiques adaptées au problème à raffiner les solutions de la population. En pratique, il s'avère que de telles approches fournissent des résultats généralement meilleurs que les résultats fournis par l'AE seul ou l'heuristique adaptée au problème seule. Les algorithmes mémétiques ont été particulièrement développés dans le contexte de problèmes difficiles d'optimisation combinatoire comme le problème du voyageur de commerce. Dans un cadre d'apprentissage automatique, les algorithmes mémétiques consistent souvent à hybrider les AEs avec un algorithme d'apprentissage classique. De tels hybrides forment des systèmes comprenant d'une part une recherche évolutionnaire qui correspond à une recherche globale menant à l'obtention de caractères innés et d'autre part un apprentissage qui correspond à une recherche locale menant à l'émergence de caractères acquis [64].

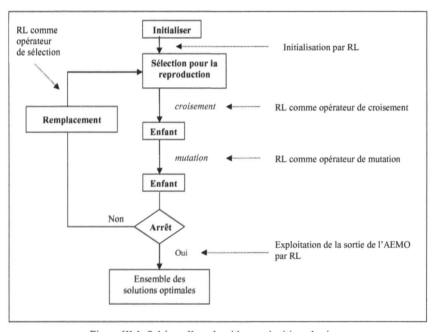

Figure III.1. Schéma d'un algorithme mémétique basique.

## III.3.2 Problèmes de conception d'un AM multi-objectif

Ce paragraphe examine les différents problèmes liés à la conception des algorithmes mémétiques multi-objectif. En effet, pour intégrer la recherche locale dans un algorithme évolutionnaire multiobjectif, plusieurs questions se posent :

- Comment adapter la méthode de RL utilisée au cas multi-objectif ?
- Quelle est la fréquence d'application de la recherche locale ?
- Quelle est la durée d'application de la recherche locale ?
- Quelles solutions à sélectionner pour la recherche locale ?
- Quelle est la stratégie de remplacement?

- Quelle est la taille de la population la plus adéquate pour un algorithme mémétique multi-objectif ?
- Comment maintenir la diversité ?

Il importe de noter que la plupart de ces problèmes sont issus du cas mono-objectif, mais ils restent valables en cas de problèmes multi-critère.

**Adaptation des méthodes de RL au cas multi-objectif**

Les méthodes de RL ont été créées et souvent utilisées pour résoudre des problèmes mono-objectif. Il s'agit donc à chaque itération de se déplacer dans l'espace de recherche pour maximiser ou minimiser la fonction objectif. Ceci est vrai pour des méthodes de RL gradient ou non gradient. En effet, au niveau des AEs, le changement du cas mono-objectif vers le cas multi-objectif vient au niveau de l'affectation de la valeur d'adaptation (fitness). Pour la RL, le changement est pareil. Pour évaluer un individu, une méthode de recherche locale utilise une des méthodes d'agrégation des objectifs (décrites dans le chapitre I). A titre d'exemples, les AMs MOGLS (MultiObjective Genetic Local Search) [65], IMMOGLS (Ishibuchi and Murata MOGLS) [67], PMA (Pareto Memetic Algorithm) [66] et GTS$^{MOKP}$ [70] utilisent une somme pondérée des objectifs pour évaluer un individu au niveau RL. Un autre algorithme mémétique qui a montré de très bons résultats et qui est très cité à travers la littérature est M-PAES [68]. Ce dernier fait l'exception par l'introduction de la notion de dominance au sens de Pareto au niveau recherche locale. Il est à signaler que tous ces algorithmes intègrent des méthodes de RL à base de voisinage (non gradient). A titre d'exemples d'AMs utilisant l'information gradient, on cite [101] et [81] qui sont les résultats de l'hybridation de PCX-NSGA-II et SBX-NSGA-II avec la programmation séquentielle quadratique (PSQ) respectivement. Ces deux algorithmes utilisent la méthode agrégative ε-contrainte pour l'adaptation de la PSQ au cas multi-objectif. Deux autres travaux d'hybridation avec la PSQ sont NSGA-SQP et SPEA-SQP qui viennent de l'hybridation de NSGA-II et SPEA2 respectivement. La PSQ est adaptée au cas multi-objectif par le biais d'une version modifiée de la méthode ε-contrainte qui surmonte les faiblesses de la méthode ε-contrainte classique [69].

**Recherche locale et apprentissage**

Les méthodes de recherche locale utilisent les connaissances locales pour améliorer les chances de survie d'une solution pour la génération suivante et par conséquent augmenter les chances de propager ses caractères vers la nouvelle génération. Grâce à la similarité qui existe entre le rôle que joue le procédé d'apprentissage dans le processus de l'évolution, la recherche locale est souvent vue comme un processus d'apprentissage [71]. La façon par laquelle les informations tirées par la RL sont utilisées dans l'algorithme évolutionnaire a un impact important sur les performances du processus de recherche. Deux approches basées sur des modèles d'apprentissage biologique sont adoptées pour utiliser l'information locale. Ces deux modèles sont l'approche de *Lamarck* et l'approche de *Baldwin* [72]. Il existe un troisième modèle qui combine les deux approches citées ci-dessus et son efficacité a été démontrée dans la résolution de problèmes réels [73].

❖ *Apprentissage de Lamark*

Le modèle de Lamarck est basé sur l'héritage des caractères acquis obtenus par apprentissage au cours du temps. Cette approche force la structure génétique à refléter le résultat de la RL. En d'autres termes, la structure génétique d'un individu et la valeur de sa fonction d'adaptation (fitness) sont modifiées pour correspondre à la solution trouvée par la RL, donc la solution issue de la procédure de RL remplace celle courante dans la population de l'algorithme évolutionnaire. L'évolution Lamarckienne ne peut pas se réaliser dans les systèmes biologiques réels vu le manque de mécanismes qui permettent d'assurer ce type d'évolution, mais elle peut être simulée par l'outil informatique. L'étude [74] affirme que ce type d'apprentissage accélère le processus de recherche.

❖ *Apprentissage de Baldwin*

Ce mode d'apprentissage permet à un individu d'améliorer la valeur de sa fonction d'adaptation (fitness) par le biais de la recherche locale tout en gardant sa structure génétique inchangée. Par conséquent, il augmente les chances d'une solution à propager sa structure génétique à la génération suivante. Ce modèle est plus proche de l'évolution naturelle puisque l'apprentissage ne change pas la structure génétique d'un individu mais juste il augmente ses chances de survie. Donc, l'approche Baldwinienne, à l'encontre de celle Lamarckienne, ne permet pas aux parents de passer leurs caractères acquis à leurs enfants.

❖ **Apprentissage Lamarckien/Baldwinien**

Ce modèle est créé en vue de se procurer des avantages des deux modèles cités ci-dessus [75]. La combinaison entre le modèle Baldwinien et celui Lamarckien peut être effectuée à deux niveaux différents : niveau individu et niveau gène. Au niveau individu, quelques individus évoluent selon le modèle de Lamarck et les autres évoluent selon le modèle de Baldwin. Dans [76], on trouve que cette approche mixte est plus performante que celle Baldwinienne pure ou celle Lamarckienne pure en se basant sur des expérimentations. Au niveau gène, un certain nombre de gènes évoluent selon le modèle de Lamarck et les autres selon le modèle de Baldwin. Dans [73], cette approche a été appliquée avec succès pour la réduction de l'espace de recherche pour le problème de tri des séquences de données dans un réseau.

**Balance entre recherche globale et recherche locale**

Un algorithme mémétique doit assurer une balance entre le processus d'exploration et celui d'exploitation afin de pouvoir résoudre des problèmes d'optimisation globale [71]. Selon [77], résoudre un problème d'optimisation et trouver des solutions de la qualité désirée sont deux objectifs qui peuvent être atteints de deux manières : soit l'algorithme de recherche globale assure tout seul ces deux objectifs, soit l'algorithme de recherche globale assure la recherche vers le bassin d'attraction[11] et la RL continue la recherche de l'optimum. Dans un algorithme mémétique ou encore recherche locale génétique, le rôle principal de l'algorithme évolutionnaire est d'explorer l'espace de recherche dans le but d'isoler les zones prometteuses susceptibles de contenir un optimum global, alors que le rôle principal de la méthode de RL est de bien exploiter l'information issue de l'algorithme évolutionnaire. La recherche locale peut être coûteuse de point de vue temps et ressources mémoires, c'est pourquoi il faut bien gérer la balance entre algorithme génétique et RL. Plusieurs facteurs entrent dans la conception de cette balance. Ces derniers sont discutés dans ce qui suit.

❖ *Fréquence d'application de la recherche locale*

Le nombre de générations effectuées par l'algorithme évolutionnaire non interrompues par la RL désigne la fréquence d'application de la RL. Dans les algorithmes mémétiques classiques, cette fréquence vaut 1. Par contre, [78] effectue la RL chaque deux générations pour la résolution du problème du voyageur de commerce. Aussi dans [79], cette fréquence est égale à 10, c'est-à-dire cinq fois que celle de [78]. L'algorithme hybride de [79] a produit des solutions améliorées de 5% au niveau qualité par rapport à un algorithme hybride classique avec un gain au niveau du temps d'exécution. [80] discute un ensemble d'expérimentations pour trouver la fréquence optimale d'application de la RL à des fonctions de test continues à deux dimensions et trouve que cette fréquence optimale est de 3. Donc, la fréquence optimale d'application de la RL est très dépendante du type du problème et varie

---

[11] Le bassin d'attraction désigne une zone prometteuse de l'espace de recherche qui peut contenir l'optimum.

avec le temps car la durée optimale dépensée par la recherche globale et celle locale dépend dans une grande partie de la distribution des individus de la population.

❖ *Durée d'application de la recherche locale*

La durée que prend l'exécution de la RL influence le compromis entre exploration globale de l'algorithme évolutionnaire et le raffinement local de la RL. Un algorithme mémétique ayant une durée de RL assez longue exécute peu de générations par rapport à une recherche locale génétique ayant une courte durée de RL sous l'hypothèse que ces deux algorithmes terminent la recherche après le même nombre d'évaluations des fonctions. Le terme évaluation d'une fonction désigne une métrique utilisée en optimisation évolutionnaire pour calculer le nombre d'évaluations effectuées par l'algorithme évolutionnaire. Pour un espace de recherche discret, la RL peut être déroulée jusqu'à l'atteinte d'un optimum local, alors que pour un espace continu, la RL est coûteuse en terme de temps [71]. Exécuter la RL jusqu'à l'obtention d'un optimum local est connu sous le terme de RL complète et peut engendrer une perte au niveau de la diversité des solutions de la population [81]. Peu d'études sont effectuées pour déterminer la durée optimale d'application de la RL. Hart [82] trouve que l'utilisation d'une courte durée pour la RL produit les meilleurs résultats pour les fonctions de Griewank [83], alors que l'utilisation d'une longue durée produit les meilleurs résultats pour les fonctions de Rastrigen [84]. En conclusion, il n'y a pas de règle générale, cette durée est très dépendante du problème traité.

❖ *Sélection pour la recherche locale*

Dans les algorithmes mémétiques classiques, la recherche locale est appliquée à chaque individu de la population. Mais, ce processus peut épuiser les ressources sans tirer profit de la RL surtout s'il s'agit de traiter des fonctions coûteuses en terme d'évaluations. L'application de la RL à une grande fraction de la population peut limiter l'exploration de l'espace de recherche, ceci est du au fait que le nombre de générations effectuées par l'algorithme évolutionnaire va être diminué. Il est préférable de n'appliquer la RL à plus qu'un individu appartenant à un bassin d'attraction. Ceci peut être assuré par la réduction du nombre d'individus sur lesquels on applique la RL. Hart [82] a mené des recherches sur la fraction optimale d'individus à céder à la RL et il a trouvé qu'il existe une relation entre cette fraction, la taille de la population et la performance de l'algorithme. Il a trouvé aussi que l'application de la RL à une petite fraction de la population est plus efficiente que le cas d'une grande fraction. Hart et Belew [85] ont étudié l'impact de la probabilité d'appliquer ou non la

RL sur l'efficacité d'un algorithme hybride. Leur étude indique que la probabilité d'application de la RL doit être maintenue faible au début du déroulement de l'algorithme et par la suite cette probabilité doit être incrémentée au fur et à mesure de l'exécution pour atteindre de grandes valeurs aux derniers stades de l'algorithme. D'autres techniques existent pour sélectionner un individu pour la RL comme la technique du tuning, la technique à base de fitness, la technique à base de distribution et la technique potentiel de la RL. Pour une description détaillée de ces techniques le lecteur est invité à consulter les références [82, 86].

❖ **Remplacement après la recherche locale**

Après l'exploration des voisinages des solutions sujettes à la recherche locale, la population de l'AE doit être mise à jour. En fait, on veut injecter les meilleurs voisins trouvés dans la population et supprimer les individus les plus mauvais afin de préserver la taille de la population. Le plupart des AMs éliminent des individus aléatoirement ce qui peut détériorer la qualité de la population surtout de point de vue diversité des solutions. Pour palier à ce problème, une nouvelle classe de métaheuristiques évolutionnaires est créée appelée la famille des MA|PM (Memetic Algorithms with Population Management) [87]. La stratégie de remplacement de au niveau d'un AM|GP est la suivante : l'individu issue de la RL est muté jusqu'à ce qu'il satisfait la condition d'insertion dans la population. Cette condition se traduit par le fait que la distance entre l'individu issu de la RL et la population soit supérieure ou égale à un certain seuil $\Delta$ défini par l'utilisateur. La distance qui sépare un individu de la population correspond au minimum des distances entre l'individu à insérer et tous les individus de la population. A titre d'exemples, cette distance peut être la distance euclidienne pour le cas continu et la distance de Hamming pour le cas discret. La conclusion à retenir est que la stratégie de remplacement doit tenir compte primordialement de la diversité de la population.

## III.4 Conclusion

A travers ce chapitre, nous avons évoqué quelques façons d'intégration des méthodes de recherche locale dans les algorithmes évolutionnaires multi-objectifs. Ces méthodes, pouvant être à base de gradient ou non, sont adaptées au cas multi-objectif de plusieurs façons. Les plus fréquentes sont les méthodes d'agrégation telles que la méthode des poids et la méthode $\varepsilon$-contraintes. Le concepteur d'un algorithme mémétique multi-objectif doit tenir compte de plusieurs facteurs afin d'élaborer un bon compromis entre l'exploration et l'exploitation de l'espace de recherche tout en préservant la diversification et la bonne distribution des solutions ce qui permet de surmonter le phénomène de la convergence prématurée. L'apport de la recherche locale en optimisation évolutionnaire multi-objectif semble très important à travers plusieurs travaux. On se propose dans le chapitre suivant, de présenter la conception de notre nouvel algorithme mémétique multi-objectif PHC-NSGA-II qui vient de l'hybridation de l'AEMO NSGA-II et d'une méthode d'amélioration itérative incorporant la notion de dominance de Pareto.

# Chapitre IV

# PHC-NSGA-II : Un Nouvel Algorithme Mémétique Multi-objectif

## IV.1 Introduction

Ce chapitre a pour objet de présenter la conception de notre nouvel algorithme hybride. Il s'agit d'hybrider l'AEMO NSGA-II avec une méthode d'amélioration itérative intégrant la notion de dominance de Pareto. L'algorithme résultat est nommé PHC-NSGA-II (*Pareto Hill Climbing NSGA-II*). Pour se faire, nous détaillons tout d'abord l'algorithme NSGA-II. Par la suite nous présentons notre nouvelle méthode de recherche locale intitulée PHC (*Pareto Hill Climbing*) pour terminer par la description de l'interfaçage entre ces deux algorithmes de recherche.

## IV.2 L'algorithme NSGA-II

L'AEMO NSGA-II [11] est une version modifiée de l'AEMO NSGA [7] basée sur une classification des individus en plusieurs niveaux et une préservation de la diversité.

### IV.2.1 Boucle de base

L'itération de base de NSGA-II est donnée par la figure IV.1. A partir de la population des parents $P_t$ de taille N, une population d'enfants est créée, soit $Q_t$ (aussi de taille N). La population $R_t$ est ainsi constituée par la fusion des deux populations parents et enfants ($R_t = P_t + Q_t$). Une fois combinée, NSGA-II trie les individus de $R_t$ en plusieurs *catégories* (*fronts*) en affectant un *rang* à chacun des individus. Une catégorie, en fait, n'est qu'un ensemble d'individus de même rang. Les individus non dominés de toute la population $R_t$ auront un rang égale à 1. Cette catégorie est notée $F_1$. Par la suite, les individus non dominés de la population privée de $F_1$ ($R_t \backslash F_1$) auront un rang égal à 2. Ce processus est répété jusqu'à la classification complète de $R_t$. L'algorithme NSGA-II assure l'élitisme par la conservation des premiers fronts. Ainsi, la population des parents de la génération suivante $P_{t+1}$ sera constituée par les individus appartenant aux meilleurs fronts. La problématique à ce stade réside au niveau de l'insertion des individus du dernier front sélectionné. Afin de maintenir la diversité des solutions, qui est l'un des objectifs d'un AEMO, NSGA-II affecte à chaque individu une distance d'encombrement qui mesure l'encombrement d'une solution dans l'espace des objectifs. Donc, pour compléter la population des parents $P_t$ à une taille N, NSGA-II sélectionne, à partir du dernier front sélectionné, les solutions les moins encombrées ou encore ayant les plus grandes distances d'encombrement. La population des parents $P_{t+1}$ étant créée, on applique les opérateurs génétiques (croisement, mutation, sélection) à cette dernière pour créer la population des enfants $Q_{t+1}$. Ce processus est répété pour un certain nombre de générations et la sortie de l'AEMO sera $P_t$ (t = nombre de générations effectuées). Le pseudocode de l'itération de base de l'AEMO NSGA-II est donné par l'algorithme IV.1. Le procédé de classification suivant le rang de Pareto ainsi que celui de l'affectation des distances d'encombrement sont décrits dans ce qui suit.

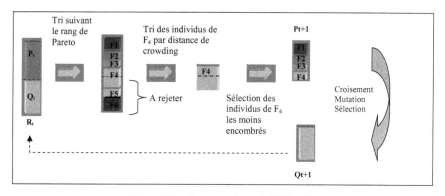

Figure IV.1. Boucle de base de NSGA-II.

## IV.2.2 Classification des individus

Avant de procéder à la sélection, on affecte à chaque individu de la population un rang « *rank* » (en utilisant le rang de Pareto). Tous les individus non dominés, de même rang sont classés dans une catégorie, à laquelle on affecte une efficacité qui est inversement proportionnelle au rang de Pareto de la catégorie considérée. Le pseudocode de cette procédure de classification est représenté dans l'algorithme IV.2. La figure IV.2 présente un exemple de classification d'une population en fronts de Pareto. L'algorithme du tri permet de classer la population globale (parents et enfants) en plusieurs fronts de Pareto. A partir de la population globale P, on sélectionne tous les individus non dominés pour former le front de

Pareto d'ordre 1, les individus sélectionnés sont supprimés de la population P. On reprend la même procédure pour former le front de Pareto d'ordre 2 et ainsi de suite jusqu'à $P = \emptyset$. Dans cet algorithme, pour trouver le premier front de Pareto avec une population de N individus, il nous faut $N^2$ comparaisons. D'autre part, chaque comparaison est appliquée à M fonctions objectif. Dans ce cas la complexité maximale de l'algorithme est $O(MN^2)$. On veut maintenant que les individus dans la catégorie considérée se répartissent de manière uniforme au sein de celle-ci. Ou encore on veut qu'il y ait une bonne diversité des solutions.

```
Début
Rt ← Pt U Qt                    /*Combinaison des parents et enfants : |Rt|=2N*/
F ← fast-nondominated-sort (Rt) /*F = {F1, F2,...} ensemble des fronts de Pareto : |F| = 2N*/
Pt+1 ← φ                        /*initialisation*/
i ← 1
Tant que |Pt+1| + |Fi| ≤ N
          Crowding-distance-assignment(Fi) /*calcul des distances d'encombrement dans Fi*/
          Pt+1 <- Pt+1 U Fi              /*Reconstruction de la population des parents*/
          i ← i + 1                      /*incrémentation vers le front suivant*/
Fin tant que
Sort(Fi, <n)                    /*Tri des solutions de Fi selon l'opérateur <n*/
Pt+1 ← Pt+1 U Fi[1:(N - |Pt+1|)]  /*Choisir juste les premiers éléments Fi pour compléter la
                                  population parent Pt+1 jusqu'à N individus*/
Qt+1 ← make-new-pop (Pt+1)       /*Application des opérateurs génétiques pour la génération d'une
                                  nouvelle population Qt+1*/
t ← t + 1                        /*génération suivante*/
Fin
```

Algorithme IV.1. Pseudocode de l'algorithme de la boucle de base de NSGA-II.

```
Début
P ← population ( )              /*Ensemble total de la population*/
i ← 1                          /*i est le compteur des fronts de Pareto*/
Répéter
          Fi ← chercher-ind-non-dominés(P)  /*Trouver Fi, l'ensemble des individus non
                                              dominés correspondants au front de Pareto i*/
          P ← P \ Fi           /*Supprimer les individus non dominés à
                                partir de la population globale P*/
          i ← i + 1            /*Incrémenter le compteur de front*/
Jusqu'à P = φ
Fin
```

Algorithme IV.2. Pseudocode de l'algorithme de tri suivant le rang de Pareto.

### IV.2.3 Préservation de la diversité

L'algorithme NSGA-II préserve la diversité par la technique d'affectation des distances d'encombrement ou encore « *crowding distance assignment* ». En effet, pour le dernier front, NSGA-II écarte les solutions les plus encombrées dans l'espace des objectifs. En d'autres termes, on élimine les solutions ayant les plus faibles distances d'encombrement. Comme le mentionne la figure IV.3, la distance d'encombrement d'une solution $x_I$ est calculée à partir du cuboïde ayant pour sommets les deux solutions adjacentes de $x_I$ ($x_{I+1}$ et $x_{I-1}$). L'algorithme IV.3 décrit le procédé d'affectation des distances d'encombrement utilisé par NSGA-II pour préserver la diversité des solutions sur le front de Pareto. Donc, cette procédure s'applique sur le dernier front de Pareto pour compléter la taille de la population des parents pour la génération suivante. En effet, l'algorithme commence par le tri des individus du front I selon le premier objectif suivant un ordre décroissant. Les individus ayant les valeurs extrêmes auront des distances d'encombrement infinies. Par la suite, la distance d'une solution $x_I$ est égale à la moitié du périmètre défini par les deux solutions adjacentes $x_{I+1}$ et $x_{I-1}$. Ce procédé est répété pour tous les objectifs jusqu'à l'affectation des distances aux différents individus du front en question.

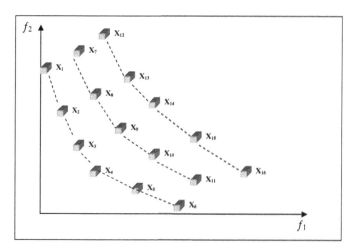

Figure IV.2. Classification des individus en plusieurs catégories suivant le rang de Pareto.

### IV.2.4 L'opérateur $<_n$

L'opérateur de comparaison « *niched comparison operator* » ($<_n$) guide le processus de la sélection avec la répartition uniforme des solutions de Pareto. Un individu de la population possède deux attributs :

- rang de non domination ($i_{rank}$),
- distance de crowding ($i_{distance}$)

Soit les deux individus i et j :

$$i <_n j \text{ si } i_{rank} < j_{rank} \text{ ou } ((i_{rank} = j_{rank}) \text{ et } (i_{distance} > j_{distance}))$$

Avec cette relation, pour la comparaison de deux solutions non dominées appartenant à deux fronts de Pareto, on préfère la solution appartenant au front de Pareto d'ordre le plus faible. Dans le cas contraire où les deux solutions appartenant au même front de Pareto, on choisit la solution qui a la distance d'encombrement la plus élevée. Il est à noter que NSGA-II utilise cet opérateur non seulement pour dans la reconstruction de la population des parents mais aussi au niveau du tournoi binaire effectué pour la sélection pour la reproduction.

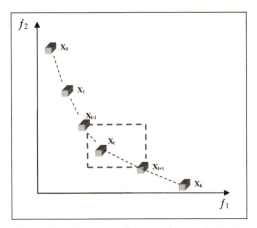

Figure IV.3. Calcul des distances d'encombrement.

```
Début
N ← |I|                              /*Nombre des solutions dans le front de Pareto I*/
Pour i = 1 jusqu'à N faire
        I[i].distance ← 0            /*initialisation des distances*/
Fin pour
Pour m = 1 jusqu'à M faire           /*M est le nombre d'objectifs*/
        I ← sort (I, F(m))           /*tri des individus suivant l'objectif m par ordre décroissant*/
        I[1].distance ← INF           /*Affecter des distances infinies pour les deux points extrêmes*/
        I[N].distance ← INF           /*INF une constante représentant un très grand nombre réel*/
        Pour i = 2 jusqu'à (N – 1) faire /*pour tous les autres points*/
                I[i].distance ← I[i].distance + (I[i+1].F(m) – I[i-1].F(m))
        Fin pour
Fin pour
Fin
```

Algorithme IV.3. Pseudocode de l'algorithme d'affectation des distances d'encombrement (où I[i].F(m) représente la valeur de la m$^{\text{ème}}$ fonction objectif relative au i$^{\text{ème}}$ individu dans l'ensemble I. La complexité de cette procédure dépend de la répartition de la population. Quand tous les N individus de la population sont dans le même front I et pour M comparaisons (M triages suivant les différentes fonctions objectifs), il nous faut MN log N opérations).

## IV.3  Pareto Hill Climbing

Il s'agit de concevoir une méthode de recherche locale à base de voisinage ayant la capacité de s'attaquer à des problèmes multi-objectifs. Notre méthode utilise directement la notion de dominance au sens de Pareto. Donc, il ne s'agit pas d'agréger les différents objectifs mais plutôt de les considérer tous simultanément sans préférer aucun d'eux par rapport aux autres. Cette méthode est appelée « *Pareto Hill Climbing* » (*PHC*). Le but étant d'explorer le voisinage d'une solution dans le but de trouver une meilleure. L'algorithme IV.4 présente le pseudocode de la PHC. En effet, cette méthode prend comme entrée une solution quelconque *x*. Par la suite, le voisinage de *x* est généré par le biais de l'opérateur de mutation. En fait, on mute la solution *x* jusqu'à la génération du nombre de voisins désirés. Rappelons que l'opération de mutation consiste à générer un individu proche de point de vue similarité à partir d'un autre. C'est pourquoi, un ensemble d'individus mutés représente un voisinage. La distance du voisinage est substituée par le facteur *étendu* de l'opérateur de mutation appelé encore « *spread factor* » [89], ce dernier contrôle le degré de similarité entre l'individu d'origine et celui muté. Une fois le voisinage est généré, on itère sur chacun des voisins. Un voisin remplace la solution courante selon une approche Lamarckienne dans les deux cas suivant :

- Le voisin domine la solution courante,
- Le voisin et la solution courante sont Pareto équivalents (non dominées).

Donc, un voisin est écarté s'il est dominé. Ce procédé est itéré pour un certain nombre d'itérations défini par l'utilisateur. La figure IV.4 permet d'illustrer le déplacement d'une solution dans l'espace de recherche au cours de l'exécution de notre PHC. En effet, l'acceptation d'une solution dominant celle courante permet converger davantage vers l'optimum (par exemple, le déplacement : $s \rightarrow n_1$), par contre, l'acceptation d'une solution Pareto-équivalente permet d'explorer de plus les parties non encore découvertes du front (par exemple, déplacement : $n_1 \rightarrow n_2$). Il est important de noter que lorsque le nombre d'objectifs augmente, il est intéressant d'accepter ce type de solutions, sinon la probabilité de remplacement de la solution courante par RL devient très faible ce qui peut entraîner un gaspillage des ressources en termes de temps et de mémoire. En d'autres termes, aucun profit ne sera tiré de la RL. En conclusion, notre méthode de RL représente un modèle générique d'une amélioration itérative multi-objectif qui peut s'adapter au cas d'un espace de recherche continu ainsi que celui discret.

**Entrée :**
x : solution sujette à la PHC
**Sortie :**
x' : solution issue de la PHC
**Début**
**Répéter**
      N ← générer_voisinage (x)      /*Générer le voisinage de x*/
      **Pour** chaque voisin ∈ N **faire**     /*itérer sur chacun des voisins*/
         **Si** ¬(x ≺ voisin) **Alors**    /*Si voisin n'est pas dominé par x*/
            x ← voisin       /*x est remplacée par voisin*/
        **Finsi**
      **Fin pour**
**Jusqu'à** N_MAX_ITERATIONS      /*itérer pour un certain nombre d'itérations*/
**Fin**

Algorithme IV.4. Pseudo code de l'algorithme de la méthode PHC.

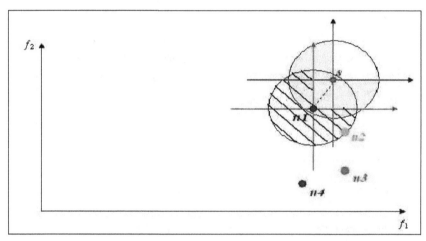

Figure IV.4. Déplacement d'une solution par la méthode PHC.

## IV.4 Description de PHC-NSGA-II

**Principe général**

Pour une génération t ≥ 1, l'itération de base de notre algorithme est présentée par l'algorithme IV.5. Le principe est le suivant. Une fois créée, la population parente $P_{t+1}$ subit la recherche locale par notre procédure PHC. Cette dernière est appliquée à chacun des fronts $F_i$

(i=1, 2, ..., Nombre_fronts ; Nombre_fronts correspond au dernier rang de non-domination dans $P_{t+1}$). Les solutions sélectionnées pour la PHC sont les solutions les moins encombrées dans l'espace des objectifs dans le front $F_i$. En effet, PHC-NSGA-II sélectionne les $n$ solutions

---

**Entrées:**
$P_t$: population des parents.
$Q_t$: population des enfants.
N: taille de la population parente.
M: nombre des objectifs.
V: nombre des variables de décision.
**Sorties:**
$P_t$: population des parents mise à jour.
$Q_t$: population des enfants mise à jour.
**Début**
$R_t \leftarrow P_t \cup Q_t$
$F \leftarrow$ Fast_non-dominated_sort ($R_t$, M)
$P_{t+1} \leftarrow \phi$
$i \leftarrow 1$
**Tant que** $| P_{t+1} | + |F_i| \leq N$ **faire**
        Crowding_distance_assignment ($F_i$, M)
        $P_{t+1} \leftarrow P_{t+1} \cup F_i$
        $i \leftarrow i + 1$
**FinTantque**
Sort ($F_i$, $<_n$)
$P_{t+1} \leftarrow P_{t+1} \cup F_i [1 : (N-| P_{t+1}|)]$
**Pour** chaque front $F_i \in P_{t+1}$ **faire**
        PHC_set $\leftarrow$ Local_search_selection ($F_i$)
        Improved_set $\leftarrow \phi$
        **Pour** chaque individual$\in$ PHC_set **faire**
                Improved_set $\leftarrow$ Improved_set $\cup$ PHC (individual)
        **FinPour**
        $F_i \leftarrow F_i \cup$ Improved_set
        Decision_crowding_distance_assignment ($F_i$, V)
        Sort ($F_i$, DCD,'acsend')
        $F_i \leftarrow$ Replace ($F_i$)
**FinPour**
$Q_{t+1} \leftarrow$ make_new_pop ($P_{t+1}$)
$t \leftarrow t + 1$
**Fin**

Algorithme IV.5. Itération de base de PHC-NSGA-II.

ayant les plus grandes valeurs des distances d'encombrement (CDs : Crowding Distances) dans le but d'explorer le voisinage de chacune d'elle (n = 2M+1 ; M étant le nombre d'objectifs à optimiser). Les 2M+1 ainsi sélectionnées forment l'ensemble *PHC_set* dans l'algorithme IV.5. L'étape suivante étant d'appliquer la PHC à chacun des individus de l'ensemble *PHC_set*. Il en résulte alors un ensemble d'individus issus de la PHC qui sont soit améliorés soit Pareto-équivalents par rapport aux individus d'origine. Ces individus constituent l'ensemble *Improved_set* qui sera injecté dans le front $F_i$. De cette façon, le front $F_i$ est en excès d'individus. Il reste alors d'appliquer une stratégie de remplacement qui restitue la taille d'origine du front $F_i$ et par conséquent conserver la taille de la population parente. Notre but à cette étape de l'algorithme est d'écarter les solutions les moins importantes de point de vue décideur et par conséquent minimiser la perte d'informations. Mais, le mécanisme de remplacement doit tenir compte de la diversité des solutions. Pour cela, nous introduirons une nouvelle mesure d'encombrement qui estime la distance d'encombrement d'une solution dans l'espace de décision et non pas dans l'espace des objectifs. Similairement à la distance d'encombrement CD de NSGA-II, la distance d'une solution $x_i$ est calculée en fonction des variables de décision des solutions voisines $x_{i+1}$ et $x_{i-1}$. C'est pourquoi, nous appelons cette nouvelle distance « *Decision Crowding Distance* » *(DCD)*. L'algorithme IV.6 illustre la procédure d'assignation des DCDs.

Après avoir affecter les DCDs aux différents individus de $F_i$, PHC-NSGA-II trie ces derniers selon le critère DCD par ordre croissant et sélectionne les 2M+1 solutions les plus encombrées dans l'espace de décision. En d'autres termes, les solutions à éliminer sont celles ayant les plus faibles valeurs au niveau DCD dans le front $F_i$. En effet, on a opté à l'écartement de telles solutions car chacune d'elles peut être représentée par son plus proche voisin dans l'espace génotypique ce qui minimise la perte des informations. Ces solutions sont les moins importantes de point de vue décideur puisque l'objectif de ce dernier est de diversifier au maximum les solutions finales qui ne sont que des scénarii de décisions stratégiques qui répondent à l'optimisation du problème multi-objectif en question.

La figure IV.5 illustre un exemple d'un front avant et après l'exécution de la PHC. Selon cette figure, il est intéressant d'explorer le voisinage de l'individu C (présenté en un cercle à trait discontinu) dans le but de trouver de meilleurs individus (par exemple la solution G). Afin de préserver la diversité génotypique, les solutions issues de la PHC ne remplacent pas les solutions les plus encombrées dans l'espace des objectifs car ces dernières peuvent être peu encombrées dans l'espace de décision et leur élimination peut détériorer la diversité génotypique. Il est important de noter que la diversité permet au décideur d'avoir plus de choix lors de la sélection de la solution finale adéquate. En plus, ce facteur permet de s'écarter du phénomène de la convergence prématurée causée par la similarité élevée des génotypes. Les solutions à éliminer sont celles les plus encombrées dans l'espace de décision (par exemple, la solution B en triangle) puisque leur élimination ne détériore pas la diversité de génotype par rapport à l'élimination aléatoire d'autres solutions.

```
Entrées:
I: front sans DCDs.
V: nombre des variables de decision.
Sortie:
I: front avec DCDs.
Début
N ← |I| // nombre d'individus du  front I
Pour i=1 to N faire
        I[i].distance ← 0
FinPour
Pour v=1 to V faire
        I ← sort (I, D(v), 'ascend')
        I[1].distance ← INF      /*INF est une constante représentant un très grand nombre réel*/
        I[N].distance ← INF
        Pour i=2 to (N-1) faire
                I[i].distance ← I[i].distance + (I [i+1].D(v) - I [i-1].D(v))
                // I[i].D(v) est la valeur de la v^{ème} variable de décision au niveau de l'individu I[i]
        FinPour
FinPour
Fin
```

Algorithme IV.6. Procédure d'affectation des DCDs.

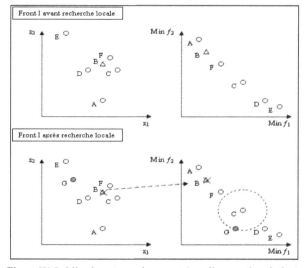

Figure IV.5. Sélection et remplacement (cas d'une seule solution).

Maintenant, nous expliquons pourquoi nous sélectionnons exactement 2M+1 solutions. En effet, l'AEMO NSGA-II assigne des distances d'encombrement infinies aux solutions ayant une ou plusieurs valeur(s) extrémales (minimum ou maximum) au niveau d'un ou plusieurs objectif(s). Par conséquent, le nombre maximal de solutions ayant des CD infinies est égale à 2M (nous rappelons que M est le nombre d'objectifs à optimiser). La sélection de ces 2M solutions pour la PHC permet d'explorer les extrémités de la région Pareto optimale. Nous sélectionnons encore une autre solution à part les 2M afin d'assurer l'exploration le(s) voisinage(s) d'une ou plusieurs solution(s) se trouvant à l'intérieur de la région Pareto optimale.

Il est à noter que PHC-NSGA-II effectue un balayage entre l'espace de décision et l'espace des objectifs. En effet, il maintient la diversité par (a) une stratégie de sélection pour la RL basée sur la distance d'encombrement dans l'espace des objectifs (CD) et (b) une stratégie de remplacement basée sur la distance d'encombrement dans l'espace de décision (DCD). Il est à mentionner que notre stratégie de remplacement peut utiliser directement la distance d'encombrement de NSGA-II (CD), mais l'utilisation de la DCD élimine le cas d'écarter des solutions qui sont encombrées dans l'espace des objectifs et qui ne sont pas encombrées dans l'espace de décision en même temps. Aussi, nous signalons que notre algorithme mémétique utilise l'opérateur de croisement SBX[12] [88] (Simulated Binary Crossover) et l'opérateur de mutation polynomiale[13] [89] utilisée dans la version originale de NSGA-II implémentée par « Kalyanmoy Deb » pour résoudre des problèmes multi-objectif continus. La figure IV.6 présente une carte d'identité de notre algorithme PHC-NSGA-II.

## IV.5 Conclusion

A travers ce chapitre, nous avons illustré la conception de notre nouvel algorithme mémétique PHC-NSGA-II en décrivant l'interfaçage entre l'AEMO NSGA-II et notre procédure de RL PHC. Il s'agit d'une hybridation parallèle synchrone. Le rôle principal de l'AEMO est de trouver les zones prometteuses dans l'espace de recherche susceptibles de contenir un optimum global alors que la PHC se charge d'intensifier la recherche dans ces zones. La conception de l'hybridation faite donne une importance majeure au facteur diversité qui est très important dans le monde de l'optimisation multi-objectif puisqu'il permet non seulement d'éviter le phénomène de convergence prématurée, mais encore il permet d'obtenir un ensemble Pareto optimal final diversifié ce qui facilite la prise de décision finale qui n'est qu'une solution de cet ensemble. Le facteur diversité est assuré par une stratégie de sélection

---

[12] Voir annexe A (page 78).
[13] Voir annexe A (page 78).

pour la RL basée sur la CD et une stratégie de remplacement basée sur la DCD. Le facteur convergence est assuré par la recherche de solutions meilleures par la PHC dans chacun des fronts. Dans le chapitre suivant, nous proposons une étude expérimentale permettant de mettre en exergue l'apport de l'hybridation de NSGA-II avec une telle méthode de RL.

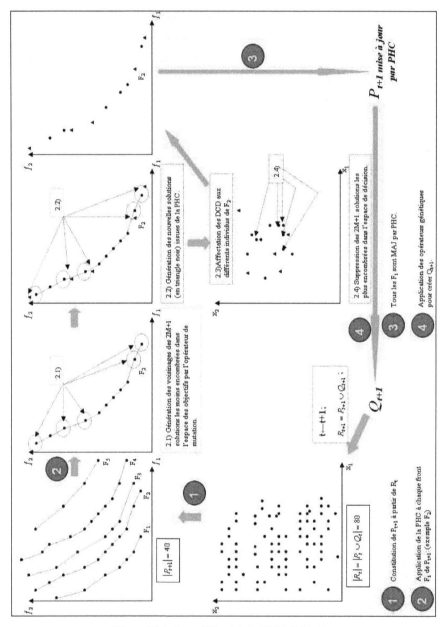

Figure IV.6. Carte d'identité de PHC-NSGA-II.

# Chapitre V
# Etude Expérimentale Comparative

## V.1  Introduction

Nous présentons dans ce chapitre une étude empirique permettant de tester la performance de notre algorithme mémétique PHC-NSGA-II et de le situer par rapport à d'autres algorithmes hybrides et d'autres AEMO issus de l'état de l'art de la littérature du domaine. Comme mentionné dans [90], l'évaluation des optimiseurs évolutionnaires multi-objectif est une tâche *difficile*. La problématique est issue de la difficulté de concevoir des indicateurs de performances (métriques) permettant de quantifier la qualité d'un ensemble de solutions non dominées (ESND) qui n'est qu'une approximation d'un front de Pareto. Dans ce qui suit, nous présentons dans un premier lieu la *problématique de Zitzler* [91] qui met en évidence la difficulté d'évaluer des ESND et qui présente un *framework* mathématique permettant de tirer plusieurs conclusions concernant les indicateurs de performances. En deuxième lieu, nous illustrons l'étude comparative faite sur la base de deux ensembles de problèmes de test, bi-objectif et tri-objectif, très utilisés à travers la littérature. Ainsi nous montrons la capacité de notre algorithme (1) à fournir des résultats meilleurs que d'autres AEMO et (2) à produire des ESND compétitifs avec d'autres AEMO mémétiques.

## V.2  Problématique de Zitzler

L'étude des performances des optimiseurs multi-objectif s'effectue généralement sur la base d'expérimentations, de visualisation de plots des fronts/régions de Pareto (cas bi-objectif et/ou tri-objectif), de calcul de métriques, d'élaboration de tests statistiques, etc. La problématique de Zitzler met le point sur la conception des métriques ou encore les indicateurs de performance. En effet, dans sa revue [91], Zitzler conçoit tout un cadre de travail (framework) mathématique qui étudie tous les indicateurs de performance issus de la littérature pour finaliser par l'énoncé d'un théorème appelé *le théorème de Zitzler*. Avant d'énoncer ce théorème, nous donnons quelques définitions nécessaires pour la compréhension de ce théorème :

**Définition 1 :**

Un *indicateur de qualité m-aire* I est une fonction I : $\Omega^m \rightarrow \Re$, qui assigne à chaque vecteur d'ensembles approximatifs de l'optimum du Pareto **(A1, A2, ..., An)** un nombre réel **I (A1, A2, ..., An)**.

**Définition 2 :**

Un indicateur de qualité est dit *unaire* s'il prend en entrée un seul ensemble approximatif.

**Définition 3 :**

Un indicateur de qualité est dit *binaire* s'il prend en entée deux ensembles approximatifs.

**Définition 4 :**

Une *fonction d'interprétation* **E** est une fonction qui prend en entrée un vecteur de nombres réels et lui affecte une valeur booléenne (VRAI ou FAUX).

**Définition 5 :**

Une *méthode de comparaison* est une combinaison d'un ou plusieurs indicateur(s) de performance **I** et une fonction d'interprétation **E**. Ainsi la méthode de comparaison sera appelée $C_{I, E}$.

**✦ Exemple illustratif :**

Prenant l'exemple de l'indicateur de performance $I_{GD}$ (Generational Distance Indicator) qui exprime la distance moyenne entre une approximation donnée et le front Pareto optimal. En effet, il s'agit de calculer pour chaque solution de l'approximation considérée la distance euclidienne qui la sépare de la plus proche solution faisant partie du front optimal et par la suite l'indicateur $I_{GD}$ renvoie la moyenne des ces distances. Une fois calculée, la valeur de la métrique doit être interprétée pour tirer une telle ou telle conclusion. Prenant l'exemple où $I_{GD}$ (A) = 0, alors toutes les solutions de A possèdent des distances nulles les séparant du front optimal P. Par conséquent, nous concluons que $A \subseteq P$. Supposant aussi, qu'on dispose d'une approximation B qui est plus mauvaise que A de point de vue convergence vers l'optimum de Pareto, nous pouvons affirmer alors que $B \nsubseteq P$. Nous définissons donc la fonction d'interprétation suivante :

$$E (I_{GD}(A), I_{GD}(B)):= ((I_{GD}(A) = 0) \wedge (I_{GD}(B) > 0)) \qquad (V.1)$$

Ceci signifie que E renvoie la valeur booléenne VRAI si et seulement si $(I_{GD}(A) = 0)$ et $(I_{GD}(B) > 0)$. Sur la base de cet exemple, la combinaison entre l'indicateur de performance $I_{GD}$ et la fonction d'interprétation E définit la méthode de comparaison suivante :

$$C_{I_{GD},E}(A, B) = E(I_{GD}(A), I_{GD}(B)) \tag{V.2}$$

Les conclusions tirées de cette méthode de comparaison se résument comme suit :

- $A \subseteq P$,
- $B \nsubseteq P$.

➔ A est meilleure que B de point de vue convergence vers le front optimal.

Maintenant, on peut donner la définition *formelle* d'une méthode de comparaison :

Soient les deux approximations **A** et **B**, **I** ($I_1$, $I_2$, ..., $I_K$) une suite d'indicateurs de performance et **E** : $\Re^k \times \Re^k \to \{VRAI, FAUX\}$ une fonction d'interprétation, si tous les indicateurs dans la suite **I** sont *unaire*s, alors la méthode $C_{I,E}$ définie par **I** et **E** est une fonction de la forme :

$$C_{I,E}(A, B) = E(I(A), I(B)) \tag{V.3}$$

sinon si tous les indicateurs de **I** sont *binaires*, alors la méthode de comparaison $C_{I,E}$ sera :

$$C_{I,E}(A, B) = E(I(A, B), I(B, A)) \tag{V.4}$$

**Relier le concept de méthode de comparaison à la dominance de Pareto**

Le but d'une méthode de comparaison est de relever les différences qui existent entre les niveaux de performance des optimisateurs multi-objectif. L'affirmation qu'on cherche à faire est de prédire si « une méthode de recherche A est plus performante qu'une méthode de recherche B ». Une telle affirmation équivaut à dire que « le résultat fourni par A est meilleure que le résultat fourni par B ». A ce stade, nous définissons la relation *meilleur* notée par le symbole ▷. Cette relation permet de comparer entre deux approximation A et B. Le fait de dire que A ▷ B signifie que chaque solution de B est faiblement dominée par au moins une solution de A avec A ≠ B. Rappelons qu'une solution x domine faiblement une solution y si et seulement si x n'est pas plus mauvaise que y au niveau de tous les objectifs. Selon la figure V.1, assumant le cas de minimisation, nous avons les relations suivantes : A ▷ B, A ▷ C, A ▷ D, B ▷ C, B ▷ D, C ▷ D.

Dans notre étude comparative, nous sommes intéressés aux conclusions que nous pouvons tirer sur la base d'une méthode de comparaison donnée $C_{I,E}(A, B)$. Deux cas se présentent :

a) Si $C_{I,E}(A, B)$ est une condition *suffisante* pour affirmer qu'une approximation A est meilleure qu'une approximation B (A ▷ B), alors la méthode $C_{I,E}(A, B)$ est dite *compatible*. Ceci se traduit par l'expression mathématique:

$$C_{I,E}(A, B) \Rightarrow A \triangleright B. \tag{V.5}$$

b) Si $C_{I, E}$ (A, B) est une condition *nécessaire* pour affirmer que $A \triangleright B$, alors la méthode de comparaison dite *complète*. Ceci se traduit mathématiquement comme suit :

$$A \triangleright B \Rightarrow C_{I, E} (A, B). \tag{V.6}$$

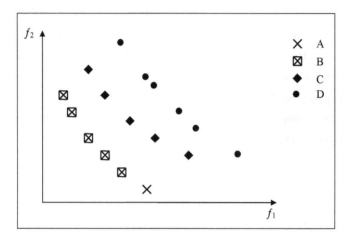

Figure V.1. Exemple illustratif de la relation $\triangleright$ avec quatre approximations du front de Pareto A, B, C et D.

Maintenant nous pouvons donner les définitions formelles de la compatibilité et de la complétude respectivement :

**Définition 6 :**

Une méthode de comparaison est dite *compatible selon la relation $\triangleright$ ($\triangleright$ -compatible)* si et seulement si $\forall$ A, B $\in$ $\Omega$ (avec $\Omega$ l'ensemble de toutes les approximations du front de Pareto possibles) :

$$C_{I, E} (A, B) \Rightarrow A \triangleright B \text{ ou } C_{I, E} (B, A) \Rightarrow B \triangleright A. \tag{V.7}$$

**Définition 7 :**

Une méthode de comparaison est dite *complète selon la relation $\triangleright$ ($\triangleright$ -complète)* si et seulement si $\forall$ A, B $\in$ $\Omega$ :

$$A \triangleright B \Rightarrow C_{I, E} (A, B) \text{ ou } B \triangleright A \Rightarrow C_{I, E} (B, A). \tag{V.8}$$

Supposant maintenant que nous disposons d'une méthode de comparaison qui est $\triangleright$ -complète mais non $\triangleright$ -compatible. Si on utilise cette méthode pour comparer deux approximations A et B tel que $A \triangleright B$, alors notre méthode de comparaison va indiquer correctement que A est meilleure que B. Par contre, il existe des approximations A et B tel que A$\not\triangleright$ B (A n'est pas meilleure que B) pour lesquelles la méthode de comparaison renvoie un résultat booléen égale à VRAI. Si on prend le cas contraire, c'est-à-dire une méthode de comparaison qui est $\triangleright$-compatible et non $\triangleright$-complète, on peut avoir des approximations A et B tel que A$\triangleright$ B, mais la méthode de comparaison renvoie un résultat booléen égale à FAUX. Nous concluons donc qu'une méthode de comparaison doit répondre aux critères de compatibilité et de complétude pour être sûr des conclusions tirées de son utilisation. En d'autres termes, une méthode de comparaison doit être à la fois $\triangleright$-*compatible* et $\triangleright$-*complète* pour pouvoir inférer avec certitude que A$\triangleright$ B. Cette conclusion représente la problématique des indicateurs de performance posée par Zitzler [91] qui a étudié les possibilités de créer une méthode de comparaison pour chacun des indicateurs de performance qui soit $\triangleright$-compatible et $\triangleright$-complète. Les résultats de l'étude de Zitzler sont résumés dans la sous-section suivante.

**Théorème de Zitzler**

Suite à la mise en place d'un framework mathématique pour l'étude de la compatibilité et de la complétude des indicateurs de performance des optimisateurs multi-objectif issus de la littérature, Zitzler démontre que :

a) Il n'existe aucun indicateur de performance unaire qui est capable d'indiquer si une approximation A est meilleure que B (A$\triangleright$ B).

b) L'affirmation a) reste valable pour une suite d'indicateurs de performance unaires.

c) La plupart des indicateurs de performance binaires, proposés pour indiquer que A$\triangleright$ B, permettent dans le meilleur des cas d'indiquer que l'approximation A n'est pas plus mauvaise que B.

d) Les indicateurs de performance binaires dépassent les limites des indicateurs unaires et s'ils sont bien conçus, ils sont capables d'indiquer qu'une approximation A est meilleure qu'une approximation B (A$\triangleright$ B).

Sur la base de ce théorème, l'utilisation des indicateurs de performance des optimisateurs multi-objectif semble limitée et difficile. Zitzler encourage la communauté scientifique à utiliser les indicateurs binaires qui dépassent les difficultés que font face les métriques unaires dans la comparaison entre différentes approximations du front de Pareto. Selon l'étude [91], les indicateurs de performance unaires ou binaires à utiliser doivent être compatibles et complets selon la relation de dominance de Pareto. Ceci peut être traduit mathématiquement par : $C_{I, E}$ (A, B) $\Leftrightarrow$ A $\triangleright$ B. C'est pourquoi la conception des mesures de performance ainsi que les fonctions d'interprétation (par conséquent la conception des méthodes de comparaison) n'est pas une tâche simple.

## V.3 Etude Comparative

Cette section est dédiée pour tester les performances de notre algorithme hybride PHC-NSGA-II. Pour ce faire, nous utilisons deux séries de benchmarks : une première bi-objectif et une seconde tri-objectif. A travers la première série, nous comparons notre algorithme à deux autres algorithmes mémétiques à base de gradient, NSGA-SQP et SPEA-SQP [69], et à deux autres AEMO NSGA-II [11] et SPEA2 [10]. Dans la seconde série d'expérimentations, nous comparons les performances de notre algorithmes seulement à NSGA-II vue la disponibilité des jeux de données de test.

### V.3.1 Première série : problèmes bi-objectifs

Dans cette sous-section, nous élaborons une étude comparative entre les cinq algorithmes : PHC-NSGA-II, NSGA-SQP, SPEA-SQP, NSGA-II et SPEA2 sur la base de trois problèmes bi-objectifs: ZDT1, ZDT2 et ZDT6 [92]. Il est à noter que les six fonctions de test de Zitzler (ZDT1, ZDT2, ..., ZDT6) sont les plus utilisées à travers la littérature de l'étude des performances des optimisateurs multi-objectifs. Les trois problèmes ZDT que nous utilisons ont la même structure :

$$\text{Min } f_1(x) = x_1$$
$$\text{Min } f_2(x) = g(x)h(f_1(x), g(x))$$

**ZDT1 :**

$$f_1(x) = x_1$$
$$g(x) = 1 + \frac{9}{n-1} \sum_{i=2}^{n} x_i$$
$$h(f_1, g) = 1 - \sqrt{\frac{f_1}{g}}$$

où $x_i \in [0,1] \forall i = 1,2,..., n$ et $n = 30$.

Le front Pareto-optimal est continu convexe et il est formé par les solutions satisfaisant $g(x)=1$. En d'autres termes, l'ensemble Pareto-optimal correspond à $0 \leq x_1^* \leq 1$ et $x_i^* = 0$ pour $i=2,3,...,30$. Le front de Pareto de ce problème est présenté par la figure V.2.(a).

**ZDT2 :**

$$f_1(x) = x_1$$

$$g(x) = 1 + \frac{1}{n-1} \sum_{i=2}^{n} x_i$$

$$h(f_1, g) = 1 - \left(\frac{f_1}{g}\right)^2$$

où $x_i \in [0,1] \forall i = 1,2,..., n$ et $n = 30$.

Le front Pareto-optimal est continu non-convexe et il est formé par les solutions satisfaisant $g(x)=1$. L'ensemble Pareto-optimal correspond à $0 \leq x_1^* \leq 1$ et $x_i^* = 0$ pour $i=2,3,...,30$. Le front de Pareto de ce problème est présenté par la figure V.2.(b).

**ZDT6 :**

$$f_1(x) = 1 - \exp(-4x) \sin^6(6\pi x_1)$$

$$g(x) = 1 + 9 \left(\frac{\left(\sum_{i=2}^{n} x_i\right)}{(n-1)}\right)^{0,25}$$

$$h(f_1, g) = 1 - \left(\frac{f_1}{g}\right)^2$$

où $x_i \in [0,1] \forall i = 1,2,..., n$ et $n = 10$.

Le front Pareto-optimal est non convexe et formé par les solutions satisfaisant $g(x)=1$. L'ensemble Pareto-optimal correspond à $0 \leq x_1^* \leq 1$ et $x_i^* = 0$ pour $i=2,3,...,10$. Le front de Pareto de ce problème est présenté par la figure V.2.(c). La particularité de ce problème est que les solutions optimales ne sont pas uniformément distribuées le long du front de Pareto. Cette effet est du à la non linéarité de la fonction $f_1$. En effet, pour tous les problèmes ZDT, la forme de la surface de Pareto est définie par la fonction $h$ qui dépend de $n$ variables : si $h$ est non convexe, la surface optimale sera non convexe ; si $h$ est multi-modale, la surface sera discontinue, etc. La fonction $h$ permet donc de modéliser des difficultés liées à la diversité tandis que la fonction $g$ a pour rôle d'empêcher la convergence, car c'est $g$ qui est utilisée pour construire l'espace de recherche. Notons aussi que le choix de la fonction $f_1$ non linéaire permet d'introduire une densité variable des solutions le long de cet objectif.

Les valeurs des différents paramètres de notre algorithme sont déterminées expérimentalement et sont comme suit :

- Taille de la population (pop) = 50,

- Nombre de générations (gen) = 100 pour ZDT1 et 50 pour ZDT2 et ZDT6,
- Taille du voisinage (ns) = 12,
- N_MAX_ITERATIONS = 15,
- Taux de croisement ($p_c$)= 0.9,
- Taux de mutation ($p_m$) = 0.1.

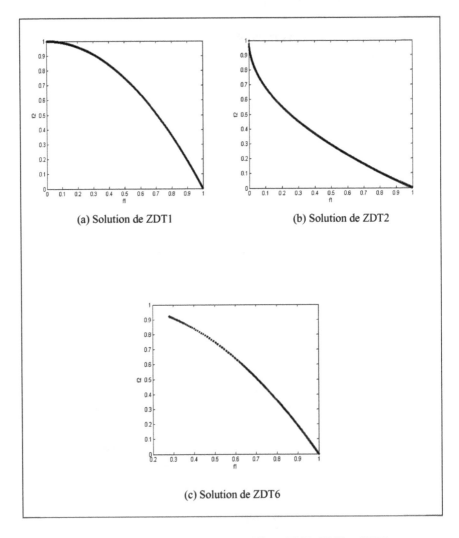

(a) Solution de ZDT1

(b) Solution de ZDT2

(c) Solution de ZDT6

Figure V.2. Solutions optimales des problèmes ZDT1, ZDT2 et ZDT6.

La table V.1 présente les valeurs des paramètres des autres algorithmes en question. Ces valeurs sont obtenues à partir de [69]. Il est à noter que les algorithmes mémétiques NSGA-SQP et SPEA-SQP exécutent la procédure de RL (PSQ : programmation séquentielle quadratique) chaque cinq générations à un certain nombre N de solutions de la population tirées aléatoirement (N=1/5).

| | NSGA-SQP | SPEA-SQP | NSGA-II | SPEA2 |
|---|---|---|---|---|
| **pop** | 50 | 50 | 50 | 50 |
| **gen** | 20 | 20 | 500 | 500 |
| **p$_c$** | 0.6 | 0.6 | 0.6 | 0.6 |
| **p$_m$** | 0.1 | 0.1 | 0.1 | 0.1 |

Table V.1. Réglage des paramètres de NSGA-SQP, SPEA-SQP, NSGA-II et SPEA2.

Dans ce qui suit, nous comparons les ensembles de solutions non dominées de chacun des cinq algorithmes. Les ESND sont des approximations du front optimal pour chaque problème ZDT. La comparaison est effectuée sur la base des différents plots obtenus ainsi que l'utilisation des métriques qui répondent aux deux critères de Zitzler qui sont la compatibilité et la complétude.

Les figures V.3 et V.4 montrent bien que les AEMO hybrides ont une meilleure convergence vers le front optimal par rapport aux versions originales de ces AEMO pour ZDT1 et ZDT2. Ceci est vrai aussi pour le problème de test ZDT6 à partir de la figure V.5 et les résultats obtenus dans [69]. En effet, la figure V.5 montre seulement les ESND de PHC-NSGA-II, NSGA-SQP et SPEA-SQP. Ceci est du à la disponibilité des jeux de données des tests faits dans [69]. A partir de tous les plots des problèmes ZDT, on peut observer que les solutions non dominées de SPEA-SQP présentent une meilleure diversité que celle de SPEA2. Puisque les ESND de PHC-NSGA-II sont trop similaires à ceux de SPEA-SQP de point de vue convergence et diversité pour tous les problèmes de test utilisés, il en résulte que les solutions non dominées fournies par PHC-NSGA-II sont meilleures que celles de SPEA2 pour tous les problèmes ZDT en question. Il est important de mentionner que le problème ZDT6 ne bloque pas le processus de recherche de notre algorithme PHC-NSGA-II puisqu'il est conçu principalement pour tester la capacité d'un algorithme de recherche à découvrir les solutions non dominées non uniformément distribuées le long du front optimal réel. En plus, à partir de la figure V.5, on peut remarquer l'ESND fourni par PHC-NSGA-II présente une meilleure distribution que SPEA-SQP pour ZDT6.

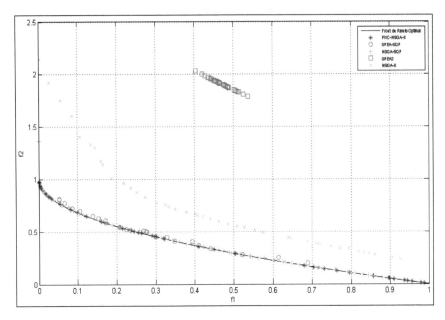

Figure V.3. Les ESND pour ZDT1.

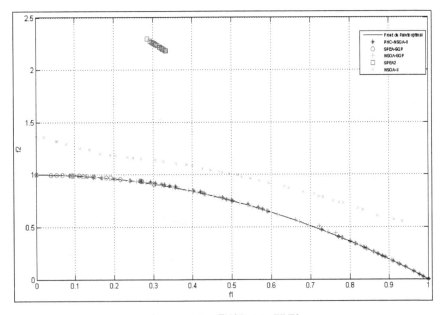

Figure V.4. Les ENSD pour ZDT2.

Pour mettre en exergue nos affirmations déduites à partir de l'analyse des fronts présentés dans les différents plots obtenus des expérimentations, nous utilisons une métrique ou encore un indicateur de performance qui répond à la problématique de Zitzler déjà présentée puisqu'il est *compatible* et *complet* [91]. Cette métrique est appelée en anglais « *Bianary Epsilon Indicator* », on se propose dans le reste de ce chapitre d'appeler cet indicateur « *l'indicateur epsilon binaire* ». Cette métrique prend en entrée deux ESND X et Y et retourne une paire de nombres $(I_X, I_Y)$ en sortie. La paire $(I_X, I_Y)$ est définie comme suit :

$$I_X = I_{\varepsilon+}(X,Y) = \underset{\varepsilon \in \Re}{Inf}\left\{\forall z^2 \in Y, \exists z^1 \in X : z^1 \preceq_{\varepsilon+} z^2\right\}$$

(V.9)

$$I_Y = I_{\varepsilon+}(Y,X) = \underset{\varepsilon \in \Re}{Inf}\left\{\forall z^2 \in X, \exists z^1 \in Y : z^1 \preceq_{\varepsilon+} z^2\right\} \qquad (V.10)$$

tel que pour un certain nombre $\varepsilon > 0$, $z^1 \preceq_{\varepsilon+} z^2$ (Dans le cas de minimisation, on lit $z^1$ epsilon-domine $z^2$) si et seulement si $\forall i \in \{1,...,M\} : z^1_i \leq \varepsilon + z^2_i$ (M est le nombre d'objectives, $z^1_i$ est la valeur du $i^{\text{ème}}$ objectif au niveau de la solution $z^1$). Une paire de nombres $(I_X \leq 0, I_Y > 0)$ indique que l'ESND X est **strictement meilleure** que l'ESND Y, alors qu'une paire de nombres $(I_X > 0, I_Y > 0)$ signifie que les deux ESND X et Y sont incomparables. Néanmoins, si $I_X$ est inférieur à $I_Y$, alors on peut dire que X est meilleure que Y car la valeur minimale de ε demandée pour que X ε-domine Y est inférieure que la valeur minimale de ε demandée pour que Y ε-domine X. La table V.2 montre les différentes valeurs de l'indicateur epsilon binaire pour les trois problèmes ZDT. Nous proposons la notation suivante :

- N: ESND fourni par NSGA-II.

- S: ESND fourni par SPEA2.

- M: ESND fourni par PHC-NSGA-II.

- NSQP : ESND fourni par NSGA-SQP.

- SSQP : ESND fourni par SPEA-SQP.

A partir de cette table, on peut affirmer que PHC-NSGA-II fournit de meilleurs solutions que NSGA-II et SPEA2 pour tous les problèmes. En plus, l'ESND de PHC-NSGA-II est strictement meilleur (1) que celui de NSGA-SQP pour ZDT6 et (2) que l'ESND de SPEA-SQP pour ZDT2. En effet, pour les paires positives, nous remarquons que pour ¾ de ces paires, $I_M$ est la valeur minimale. Ceci nous permet d'affirmer que les résultats présentés par PHC-NSGA-II sont meilleurs que ceux présentés par les deux autres algorithmes mémétiques.

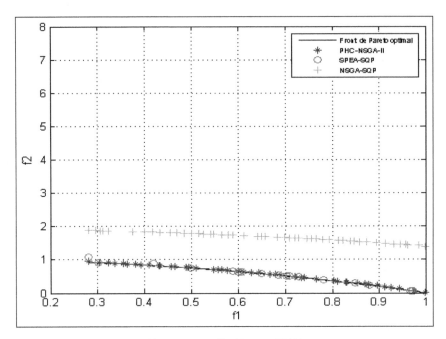

Figure V.5. Les ENSD pour ZDT6.

| | ZDT1 | ZDT2 | ZDT6 |
|---|---|---|---|
| **(I(M, N), I(N, M))** | (-0.0028, 0.2307 ) | (-2.1783e-004, 0.5506) | |
| **(I(M, S), I(S, M))** | (-0.4032, 1.7789) | (-0.0104, 0.9081) | |
| **(I(M, NSQP), I(NSQP, M))** | (0.0612, 0.0549) | (0.0653, 0.1495) | (-8.4952e-006, 1.3936) |
| **(I(M, SSQP), I(SSQP, M))** | (0.0345, 0.1926) | (-0.2855, 2.1801) | (0.0215, 0.0656) |

Table V.2. Valeurs de l'indicateur epsilon binaire pour ZDT1, ZDT2 et ZDT6.

Pour être plus minutieux dans nos comparaisons entre les différents ESND des algorithmes mémétiques, nous nous proposons d'utiliser deux autres indicateurs de performance [93], qui expriment (1) le nombre de solutions fournies par la première méthode de recherche qui dominent des solutions obtenues par la seconde méthode de recherche et (2) le nombre de solutions obtenues par la première méthode de recherche qui sont dominées par des solutions fournies par la deuxième méthode. Pour deux ESND X et Y, ces deux indices sont notées : *Dominate (X, Y) et Dominated (X, Y)*. La table V.3 présente les différentes valeurs trouvées par ces deux indicateurs. Sur la base des résultats illustrés dans cette table, il est clair que les solutions non dominées de PHC-NSGA-II dominent toutes les solutions non dominées de NSGA-SQP pour ZDT6. En plus, il n'y a aucune solution obtenue par SPEA-SQP qui domine au moins une solution de l'ESND de PHC-NSGA-II pour les deux problèmes ZDT1 et ZDT2. Aussi, pour ces deux benchmarks, il n'existe aucune solution de l'ESND M qui est dominée par l'ESND SSQP. La supériorité de notre algorithme mémétique peut être expliquée par le rôle qu'effectue notre procédure PHC qui consiste à creuser dans les zones prometteuses de l'espace de recherche pointées par les mécanismes génétiques.

| | ZDT1 | ZDT2 | ZDT6 |
|---|---|---|---|
| **Dominate (M, NSQP) / Dominated (M, NSQP)** | 4/1 | 4/11 | 50/0 |
| **Dominate (NSQP, M) / Dominated (NSQP, M)** | 1/3 | 11/5 | 0/50 |
| **Dominate (M,SSQP) / Dominated (M,SSQP)** | 12/0 | 13/0 | 8/5 |
| **Dominate (SSQP, M) / Dominated (SSQP, M)** | 0/13 | 0/39 | 5/4 |

Table V.3. Valeurs des indicateurs Dominate et Dominated pour ZDT1, ZDT2 et ZDT6
(Seulement pour PHC-NSGA-II, NSGA-SQP et SPEA-SQP).

## V.3.2 Deuxième série : problèmes tri-objectifs

Cette sous-section a pour but de tester la capacité de notre algorithme mémétique PHC-NSGA-II à résoudre des fonctions de test à trois dimensions. La comparaison est effectuée seulement entre PHC-NSGA-II et NSGA-II sur la base des trois problèmes DTLZ2a, DTLZ4a et DTLZ7a [94] qui sont des versions modifiées des problèmes DTLZ2, DTLZ4 et DTLZ7 [95]. Dans ce qui suit nous présentons ces trois benchmarks.

**DTLZ2a et DTLZ4a :**

Ces deux problèmes ont 3 objectifs à minimiser et 8 variables de décision :

$$\text{Min } f_1 = (1+g)\cos(x_1^{\alpha}\pi/2)\cos(x_2^{\alpha}\pi/2)$$
$$\text{Min } f_2 = (1+g)\cos(\cos(x_1^{\alpha}\pi/2)\sin(x_2^{\alpha}\pi/2)$$
$$\text{Min } f_3 = (1+g)\sin(x_1^{\alpha}\pi/2)$$
$$g = \sum_{i\in\{3,...,8\}}(x_i - 0.5)^2$$
$$x_i \in [0,1], i \in \{1,...,n\}, n = 8$$
$$\alpha = \begin{cases} 1, \text{pour DTLZ2a} \\ 100, \text{pour DTLZ4a} \end{cases}$$

La région Pareto optimale correspond au $\frac{1}{8}$ de la sphère ayant pour origine le point de coordonnées (0, 0, 0) et un rayon égale à 1 dans l'espace des objectifs. L'ensemble Pareto optimale est constitué des solutions $S_j$ $(x_1, x_2, ..., x_8)$ de sorte que $x_i = 0.5$ pour i=2, ..., 8 et $x_1$ $\in$ [0, 1]. L'effet de mettre le paramètre $\alpha$ =100 est de biaiser la densité de la distribution des solutions aux alentours des plans d'équations respectives $f_3 - f_1$ et $f_2 - f_1$.

**DTLZ7a :**

Ce problème a 3 objectifs à minimiser et 8 variables de décision :

$$\text{Min } f_1 = x_1$$
$$\text{Min } f_2 = x_2$$
$$\text{Min } f_3 = (1+g)h$$
$$g = 1 + \frac{9}{6} \sum_{i \in \{3,...,8\}} x_i$$
$$h = 3 - \sum_{i \in \{1,2\}} \left[ \frac{f_i}{1+g}(1+\sin(3\pi f_i)) \right]$$
$$x_i \in [0,1], i \in [1,...,n], n = 8$$

La région Pareto optimale est composée de quatre régions non connexes dans l'espace des objectifs. La figure V.6 illustre les solutions respectives des problèmes DTLZ2a, DTLZ4a et DTLZ7a.

Le paramétrage des deux algorithmes est décrit par la table V.4 pour les problèmes DTLZ. A partir des différents plots obtenus (Figure V.7, Figure V.8 et Figure V.9), nous observons que les solutions non dominées fournies par PHC-NSGA-II sont plus convergents vers la région Pareto optimale que les solutions fournies par NSGA-II pour les trois problèmes DTLZ. Comme décrit ci-dessus, la solution du problème de test DTLZ7a est composée de quatre surfaces non connexes dans l'espace des objectifs. La figure V.9 montre bien que notre algorithme a réussi a découvrir des solutions appartenant à ces quatre surfaces, alors que NSGA-II n'a découvert que trois surfaces. La table V.5 présente les valeurs obtenues pour l'indicateur epsilon binaire pour les trois problèmes DTLZ. En se basant sur cette table, nous remarquons que les ESND fournis par PHC-NSGA-II sont meilleurs que les ESND fournis par NSGA-II puisque, pour chacun des problèmes DTLZ, la valeur minimale de la quantité $\varepsilon$ nécessaire pour que l'ESND de PHC-NSGA-II $\varepsilon$-domine l'ESND de NSGA-II est plus petite que celle nécessaire pour le cas contraire. Pour confronter de plus les deux algorithmes en question nous illustrons dans la table V.6, les valeurs des indices *Dominate* et *Dominated*. Nous remarquons à partir de cette table, que le nombre des solutions appartenant à l'ESND de NSGA-II dominées par des solutions de l'ESND de PHC-NSGA-II est plus grand que le nombre de solutions appartenant à l'ESND de PHC-NSGA-II dominées par des solutions de l'ESND de NSGA-II. Aussi, nous remarquons pour les trois problèmes DTLZ que le nombre de solutions de l'ESND de PHC-NSGA-II dominant des solutions de l'ESND de NSGA-II est plus grand que le nombre de solutions de l'ESND de NSGA-II dominant des solutions de l'ESND de PHC-NSGA-II. En d'autres termes, le nombre de solutions de N qui sont dominées par des solutions de M représente plus que la moitié de la taille de la population pour les deux problèmes : DTLZ4a et DTLZ7a.

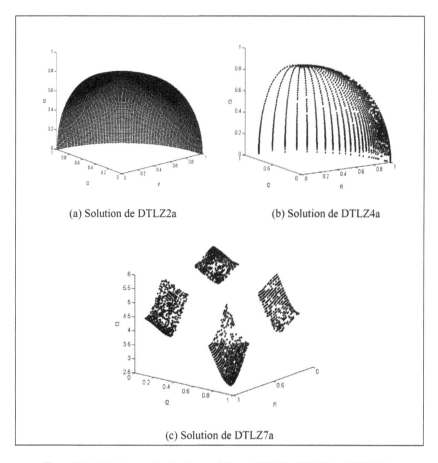

(a) Solution de DTLZ2a          (b) Solution de DTLZ4a

(c) Solution de DTLZ7a

Figure V.6. Solutions optimales des problèmes DTLZ2a, DTLZ4a et DTLZ7a.

|  | DTLZ2a | DTLZ4a | DTLZ7a |
|---|---|---|---|
| **PHC-NSGA-II** | (100, 50, 5, 10) / 26200 | (200, 40, 5, 5) / 25912 | (300, 50, 5, 10) / 55200 |
| **NSGA-II** | (100, 262) / 26200 | (200, 130) / 25912 | (300, 200) / 55200 |

Table V.4. Paramétrage de PHC-NSGA-II et NSGA-II pour les problèmes DTLZ.

|  | DTLZ2a | DTLZ4a | DTLZ7a |
|---|---|---|---|
| **(I(M, N), I(N,M))** | (0.1018, 0.2426) | (0.0288, 0.0580) | (0.0412, 1.1791) |

Table V.5. Valeurs de l'indicateur epsilon binaire pour les problèmes DTLZ.

|  | DTLZ2a | DTLZ4a | ZDT7a |
|---|---|---|---|
| **Dominate (M, N) / Dominated (M, N)** | 10/8 | 57/37 | 113/2 |
| **Dominate (N, M) / Dominated (N, M)** | 8/46 | 41/124 | 41/163 |

Table V.6. Valeurs des indicateurs Dominate et Dominated pour les problèmes DTLZ.

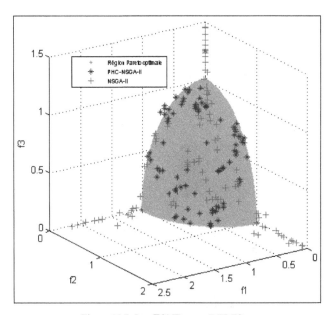

Figure V.7. Les ESND pour DTLZ2a.

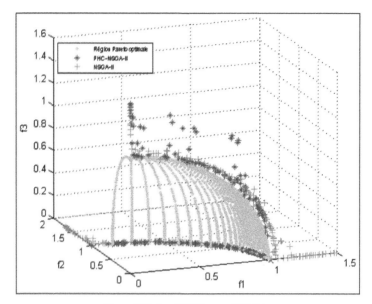

Figure V.8. Les ESND pour DTLZ4a.

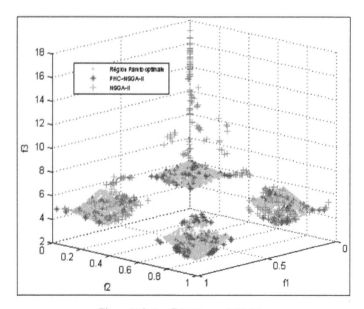

Figure V.9. Les ESND pour DTLZ7a.

## V.4  Conclusion

A travers ce chapitre, nous avons étudié la performance de notre algorithme mémétique PHC-NSGA-II à travers plusieurs benchmarks à deux et à trois objectifs. Dans un premier temps, nous avons évoqué la difficulté d'évaluation des ESND fournis par des optimisateurs multi-objectif. Ceci était mis en évidence par la description de la problématique de Zitzler avec les indicateurs de performance. Zitzler a conçu tout un framework mathématique pour l'étude la compatibilité et la complétude des différents indicateurs de performance. Ceci explique notre choix dans la sélection des métriques à utiliser. Dans un deuxième temps, nous avons présenté une étude comparative qui a mis en jeu notre algorithme hybride, deux algorithmes mémétiques utilisant l'information gradient (NSGA-SQP et SPEA-SQP) et deux AEMO (NSGA-II et SPEA2). Les résultats ainsi obtenus montrent bien l'apport positif d'intégrer la RL dans les AEMOs. Aussi, ces résultats montrent bien que les algorithmes hybrides fournissent des approximations du front de Pareto meilleures que les AEMOs purs surtout de point de vue convergence. En positionnant notre travail par rapport aux deux autres travaux hybrides, notre algorithme a montré sa compétitivité et sa performance. Outre, un avantage de notre algorithme réside dans la fait qu'il est capable de résoudre des problèmes multi-critère comportant des fonctions objectif non différentiables où les algorithmes mémétiques à base de gradient ne peuvent pas être appliqués.

# Conclusion générale

Dans ce mémoire, nous avons abordé et étudié les algorithmes évolutionnaires hybrides multi-objectifs en mettant l'accent sur les algorithmes évolutionnaires hybridés avec des méthodes de recherche locale connus sous la nomination d'algorithmes mémétiques. Vu le succès qu'a eu ce type d'algorithmes dans la résolution de problèmes mono-objectif, le nombre élevé des travaux mémétiques uni-objectif et le nombre limité des travaux mémétiques multi-objectif, nous avons proposé dans un premier temps une étude des problèmes de conception des algorithmes hybrides multi-objectif, et dans un second temps nous avons proposé un exemple d'hybridation avec la recherche locale. En effet, l'algorithme NSGA-II, très cité à travers la littérature de l'optimisation évolutionnaire multi-objectif, a été hybridé avec une méthode de recherche locale que nous avons nommé Pareto Hill Climbing. Cette dernière utilise directement la notion de dominance de Pareto pour s'adapter au cas multi-objectif. La conception de l'interfaçage entre ces deux méthodes de recherche représente le cœur de notre contribution. En effet, nous avons essayé d'augmenter le taux de convergence vers l'optimum tout en conservant (ou voire même augmentant) la diversité des solutions Pareto optimales finales. Pour ce faire, nous avons utilisé une stratégie de sélection des solutions pour la recherche locale basée sur la mesure des distances d'encombrement des solutions dans l'espace des objectifs et une stratégie de mise à jour de la population basée sur l'estimation des distances d'encombrement des solutions dans l'espace de décision. Ainsi, nous avons conçu une nouvelle distance qui calcule l'encombrement d'une solution dans l'espace de décision de la même façon de que la distance d'encombrement de NSGA-II qui effectue les calculs dans l'espace des objectifs.

Pour valider le modèle PHC-NSGA-II, une étude empirique a été menée. Tout d'abord, nous avons évoqué la problématique de Zitzler avec les indicateurs de performance. Nous avons essayé de présenter les définitions nécessaires pour arriver à énoncer le théorème de Zitzler qui nous a présenté un point de référence dans la sélection des indicateurs de performance que nous avons utilisé dans cette étude. Après la confrontation de notre PHC-NSGA-II avec deux AEMOs mémétiques à base de gradient et deux autres AEMOs purs, nous avons tirés les conclusions suivantes :

- L'incorporation de la recherche locale dans les AEMOs a des effets positifs de point de vue convergence et diversité.

- Si l'hybridation est bien conçue, l'algorithme hybride ne détériore pas la diversité des solutions et même il peut l'améliorer.

- A l'encontre des schémas hybrides à base de gradient qui se limitent à la résolution des problèmes différentiables, PHC-NSGA-II peut résoudre des problèmes non différentiables.

- La conception des stratégies de sélection pour la recherche locale et de mise à jour de la population joue un rôle primordial dans la conservation de la diversité.

Plusieurs éventuelles perspectives futures pour ce travail peuvent être résumées comme suit :

- PHC-NSGA-II peut être extensible pour la résolution des problèmes avec contraintes et/ou même des problèmes multi-objectif discrets,

- Les valeurs des paramètres dans ce travail sont déterminées expérimentalement, donc l'une des perspectives futures est de concevoir un paramétrage adaptatif de notre algorithme mémétique (par exemple: utilisation des règles floues),

- Une autre perspective consiste à l'application de PHC-NSGA-II à des problèmes de la vie réelle tel que le problème de gestion de stock collaborative multi-objectif (PTMO: Problème du Transhipment Multi-Objectif [96]),

- Une quatrième perspective s'oriente vers la conception d'Agents Evolutionnaires Mémétiques Multi-objectif vu les similarités qui existe entre le rôle des individus dans les algorithmes mémétiques et celui des agents autonomes, réactifs et cognitifs, dans les systèmes multi-agents,

- Une cinquième perspective opte pour la conception d'approches évolutionnaires (hybrides ou non) interactives (Incorporation des préférences du décideur) pour la résolution des problèmes multi-objectif,

- Et d'autres.

Nous mentionnons que ce travail a abouti à un article accepté à la conférence ICTAI 2008 [97].

# Annexe A : Algorithmes Evolutionnaires Multi-objectifs

## A.1 Introduction

Cette annexe introduit les Algorithmes Evolutionnaires Multi-objectif (AEMOs). Nous commençons par présenter les notions de base de l'évolution artificielle et les différentes notations et abréviations utilisées. Ensuite, nous décrivons brièvement les adaptations qu'avaient connues les algorithmes évolutionnaires mono-objectifs pour traiter les problèmes multi-objectifs.

## A.2 Concept de base de l'évolution artificielle

### A.2.1 Codage des données

Un chromosome est un ensemble de paramètres (gènes) qui sont reliés entre eux pour former une chaîne de valeurs. Traditionnellement, ces valeurs (symboles) sont représentées par des bits (0 ou 1). En terme de la génétique, l'ensemble des paramètres représentés par un chromosome particulier est désigné sous le nom de génotype. Le génotype contient l'information exigée pour construire une organisation qui est désignée sous le nom du phénotype. Goldberg et Holland [4, 98] ont démontré qu'il est idéal de représenter le chromosome en une chaîne binaire. C'est pourquoi les algorithmes génétiques utilisent généralement cette représentation. Par contre d'autres auteurs ont effectué une comparaison entre la représentation binaire et la représentation réelle. Ils ont remarqué que pour certain problème à variables continues, la représentation réelle donne de meilleurs résultats par rapport à la représentation binaire.

Soit la notation de la représentation du chromosome S suivante : $C = (S_1, S_2, \ldots, S_i, \ldots, S_n)$ où $n$ représente le nombre de variables (gènes) dans le chromosome et $S_i$ représente le $i^{\text{ème}}$ gène du chromosome $S$ avec une représentation de type binaire ou réelle.

### A.2.2 Génération de la population initiale

La population initiale est constituée d'un ensemble d'individus (chromosomes) souvent générés aléatoirement. Cependant rien n'empêche d'utiliser des résultats et des solutions existantes, générées par d'autres algorithmes, pour former la population initiale. En d'autres termes, un ensemble de solutions connues préalablement peut être injecté dans la population initiale. Le nombre d'individus d'une population ou la taille de la population constitue un paramètre important pour l'AE qu'il faudra déterminer. La représentation de la population P est :

$$P = (I_1, I_2, ..., I_i, ..., I_{taillePop})$$

où $I_i$ représente le $i^{ème}$ chromosome dans la population et taillePop représente le nombre de chromosomes dans la population.

## A.2.3 Fonction d'évaluation

La fonction d'évaluation ou d'adaptation (fitness) associe un coût à chaque chromosome. Il faut distinguer entre la fonction objectif et la fonction d'adaptation. Dans certains cas, elles peuvent être identiques, mais en général, la fonction d'adaptation dépend de la fonction objectif, laquelle dépend de la nature du problème à résoudre. La solution optimale du problème est obtenue à partir de la fonction d'évaluation du chromosome. Dans le cas d'un problème de minimisation, la solution est associée à la plus petite valeur trouvée de la fonction d'adaptation calculée pour chaque individu de la population. Dans le cas d'une maximisation, alors la valeur la plus grande de la fonction sera prise en compte. La fonction d'adaptation peut être soit mono-critère ou multi-critère. Une fonction d'adaptation mono-critère signifie que la fonction dépend d'une seule fonction objectif, par contre la fonction d'adaptation multicritère dépend d'une combinaison de plusieurs fonctions objectifs, d'où les notions : (1) objectif unique et (2) objectifs multiples.

## A.2.4 Méthodes de sélection

Pour générer de nouveaux descendants (enfants), des parents sont sélectionnés, puis, des opérations génétiques leur sont appliquées. Pour sélectionner les meilleurs chromosomes dans une population, certaines techniques proposées par différents auteurs sont les suivantes : rank selection, roulette wheel selection, tournament selection, uniform selection, etc [4].

**Sélection ordonnée (Rank selection) :**

Chaque chromosome $I_i$ d'une population $P$ est évalué par la fonction d'adaptation $f_i$. Les valeurs de la fonction d'adaptation obtenues pour l'ensemble des chromosomes sont classées dans un ordre croissant ou décroissant. Les meilleurs chromosomes sont donc sélectionnés.

**Roulette Biaisée (Roulette wheel selection) :**

La technique de la roulette biaisée est la plus utilisée dans la littérature. Elle attribue à chaque chromosome $S_i$ une probabilité de survie $p_i$ proportionnelle à sa valeur $f_i$ dans la population :

$$p_i = \frac{f_i}{\sum_{j=1}^{taillePop} f_j}$$

où $\sum_{j=1}^{taillePop} f_j$ représente la somme de toutes les valeurs des fonctions d'adaptation de chaque chromosome $I_i$ de la population $P$. Lors de la phase de sélection, les individus sont sélectionnés aléatoirement en respectant les probabilités $p_i$ associées pour former la population de la nouvelle génération. Ceci s'effectue pour le calcul d'une probabilité de sélection cumulée $q_i$ telle que

$$q_i = \sum_{j=1}^{i} p_j$$

On génère un nombre réel r aléatoirement sur l'intervalle [0, 1]. Cette valeur est générée plusieurs fois en fonction de la taille de la population taillePop. L'individu $I_i$ est sélectionné lorsque $q_i-1 < r < q_i$.

**Sélection par tournoi (Tournament selection) :**

Cette technique utilise la méthode de la roulette biaisée pour sélectionner deux individus. On récupère celui dont la valeur de la fonction d'adaptation est la plus grande. Cette méthode choisit toujours une valeur de la fonction d'adaptation plus élevée par rapport à la technique de la roulette biaisée.

**Sélection uniforme (Uniform selection) :**

C'est une technique très simple qui consiste à sélectionner un individu $I_i$ aléatoirement de la population $P$. La probabilité $p_i$ pour qu'un individu soit sélectionné est définie par :

$$p_i = \frac{1}{taillePop}$$

## A.2.5 Opérateurs génétiques de reproduction

Durant la phase de reproduction de l'algorithme génétique, des individus de la population sont sélectionnés d'après la méthode de sélection choisie et sont recombinés, produisant des enfants de la prochaine génération. Cette phase utilise des mécanismes de reproduction qui sont : le croisement (crossover) et la mutation.

**Techniques de croisement**

Cette technique nécessite deux parents afin d'effectuer l'échange des gènes entre eux. Cet échange permet de former deux descendants possédant des caractéristiques issues des deux parents. Chaque individu se voit attribuer une même probabilité $p_c$ de participer à un croisement. L'opérateur de croisement favorise l'exploration de l'espace de recherche. Il assure le brassage du matériel génétique et l'accumulation des mutations favorables. En d'autres termes, cet opérateur permet de créer de nouvelles combinaisons ayant des caractéristiques communes avec leurs parents. Souvent les meilleures caractéristiques sont transmises aux descendants. Cette transmission est appelée héritage. Seuls les individus les mieux adaptés vivent suffisamment longtemps pour se reproduire. Ceci va conduire à des progénitures encore mieux adaptées. Il existe différentes techniques de croisement. Chacune des techniques s'applique sur des chromosomes dont la représentation est soit binaire ou réelle. Nous citons quelques techniques :

- **Croisement simple :** On choisit aléatoirement un point de croisement pour chaque couple d'individus sélectionné. Notons que le croisement s'effectue directement au niveau des gènes représentés soit en binaires ou en réels.

- **Croisement multiple (multipoint) :** Plusieurs auteurs se sont penchés sur l'utilisation de plusieurs points de coupure concernant l'opérateur de croisement. Le nombre de points de coupure générés est en moyenne L/2 où L est la taille du chromosome. Cette technique s'applique autant pour une codification binaire que réelle des chromosomes. C'est une technique très utilisée dans différentes applications du fait que les résultats obtenus sont satisfaisants.

- **Croisement uniforme :** Cette technique est complètement différente des deux techniques précédentes. Un masque de croisement est généré aléatoirement pour chaque couple d'individus ou pour chaque génération. Les valeurs de ce masque sont binaires. Sa taille est identique à celle du chromosome.

Il existe d'autres opérateurs de croisement qui sont spécifiques au cas d'un espace de recherche continu. Parmi ces opérateurs, nous citons :

- **Croisement binaire simulé (SBX) :** Le croisement binaire simulé (Simulated Binary Crossover) [88] reproduit les mécanismes du croisement binaire afin de croiser deux parents codés en réels. A partir de deux parents $P_1$ et $P_2$, ce croisement génère deux enfants $C_1$ et $C_2$ par l'intermédiaire de la relation A.1 :

$$
\begin{aligned}
C_1(i) &= 0.5\big[(1+\beta)p_1(i)+(1-\beta)p_2(i)\big] \\
C_2(i) &= 0.5\big[(1-\beta)p_1(i)+(1+\beta)p_2(i)\big]
\end{aligned}
\tag{A.1}
$$

où $i$ est l'indice du gène en question et $\beta$ représente un facteur de dispersion (*Spread*) défini par :

$$
\beta = \begin{cases}
(2u)^{\frac{1}{\eta+1}} & \text{si } \eta < 0.5 \\[2mm]
\left(\dfrac{1}{2(1-u)}\right)^{\frac{1}{\eta+1}} & \text{sinon}
\end{cases}
\tag{A.2}
$$

où $u$ est une variable aléatoire uniformément répartie dans l'intervalle [0, 1] et $\eta$ un paramètre réel non négatif qui caractérise la forme de la distribution des enfants par rapport aux parents. De larges valeurs de $\eta$ engendrent de grandes probabilités de retrouver un enfant dans le voisinage local des parents et vice versa.

**Techniques de mutation**

La mutation est appliquée sur chaque chromosome issu de l'opération de croisement ou appartenant à une population. L'action de l'opérateur de mutation consiste à changer ou à permuter des valeurs des gènes du chromosome $S_i$ avec une probabilité $p_m$. Cette probabilité de mutation est assez faible en pratique [4]. On peut observer à un moment du cycle évolutionnaire que des individus générés n'évoluent plus. Pour les faire évoluer, l'opération de mutation peut modifier les valeurs des gènes pour constituer des individus non similaires. Cet opérateur permet une recherche de la solution au problème à optimiser dans un domaine très restreint. L'utilité de cet opérateur est donc l'exploitation de l'espace de recherche des solutions. Ces mutations ne créent généralement pas de meilleures solutions au problème mais elles évitent l'établissement de populations uniformes incapables d'évoluer. Ceci permet à l'algorithme génétique de converger vers des solutions globales. A partir d'une exploration de l'espace de recherche, la mutation permet de passer de l'exploration vers l'exploitation et de trouver un ensemble de solutions. Plusieurs techniques de mutation ont été développées dans la littérature. Certaines d'entre elles s'appliquent sur des gènes dont la représentation est binaire et d'autres sur des gènes de type réel. Parmi les opérateurs de mutation réelle, on cite :

- **La mutation polynomiale :** Cet opérateur crée un enfant $C$ à partir d'un parent $P$ de la façon suivante [89] :

$$C(i) = P(i) + (P^U - P^L)\delta \qquad (A.3)$$

où $i$ est l'indice du gène en question, $P^U$ et $P^L$ représentent respectivement la borne supérieure et la borne inférieure de la variable en question, et $\delta$ représente le facteur de variation qui est calculé à partir d'une distribution polynomiale comme le montre la relation A.4 :

$$\delta = \begin{cases} (2u)^{\frac{1}{\eta+1}} \text{ si } u < 0.5 \\ 1 - [2(1-u)]^{\frac{1}{\eta+1}} \text{ sinon} \end{cases} \qquad (A.4)$$

$u$ est une variable aléatoire uniformément répartie dans l'intervalle [0, 1] et $\eta$ est l'indice de distribution de l'opérateur de mutation (non négatif).

## A.3 Algorithmes évolutionnaires

Les AE sont des algorithmes stochastiques d'optimisation inspirés du paradigme de l'évolution darwinienne des populations. Selon Darwin, les individus les plus aptes survivent à la sélection naturelle et se reproduisent. Ceci se répète d'une génération à l'autre, menant à l'adaptation de la population des individus à l'environnement au cours de l'évolution. En terme d'optimisation, l'évolution se traduit par un processus itératif de recherche de l'optimum dans l'espace de décision. Le critère pour définir les éléments les "plus aptes" d'un sous-ensemble fini de cet espace correspond, naturellement, à l'objectif d'optimisation. L'adaptation à l'environnement est réalisée par le fait de trouver, à chaque itération, des solutions potentielles meilleures. La performance des solutions étant évaluée à la base des valeurs correspondantes de la fonction objectif. Les AE ont été introduits par Holland en 1975 [98]. L'avantage crucial de ces méthodes par rapport aux algorithmes d'optimisation traditionnels est les AE "se contentent" de connaître les valeurs de la fonction objectif non seulement sans faire appel à la dérivée de cette fonction, mais même sans exiger une expression analytique.

## A.3.1 Vocabulaires et principe de fonctionnement

Dans ce paragraphe, on cite les principaux termes introduits par le paradigme de l'évolution artificielle. Ces termes sont souvent utilisés dans ce mémoire :

- **Individu** : un élément de l'espace de recherche.

- **Fonction d'adaptation ou Performance (fitness)** : c'est la mesure de la qualité des individus basée sur l'objectif de l'optimisation de l'optimisation et permettant de comparer les individus entre eux afin d'en déterminer les meilleurs.

- **Evaluation d'un individu** : le calcul de sa performance.

- **Population** : un ensemble fini d'individus.

- **Evolution** : un processus itératif de recherche d'un ou plusieurs individu(s) optimal(s).

- **Génération** : correspond à l'itération, c'est-à-dire, repère le moment de l'évolution. Mais parfois, ce terme signifie la population en une certaine itération.

- **Croisement** : l'opérateur de reproduction appliqué avec la probabilité $p_c$ et correspondant à un brassage d'information entre les individus de la population. Il consiste à échanger des parties composantes (gènes) entre deux ou plusieurs individus.

- **Mutation** : l'opérateur de modification d'un ou plusieurs gènes appliqué avec la probabilité $p_m$ dans le but d'introduire une nouvelle variabilité dans la population.

- **Sélection** : processus du choix des individus pour la reproduction basé sur leur performance.

- **Remplacement** : processus de formation d'une nouvelle population à partir des ensembles de parents et d'enfants effectué le plus souvent sur la base de leur performance.

Cette première partie du vocabulaire suffit pour pouvoir commenter le schéma général du fonctionnement d'un algorithme évolutionnaire illustré par la figure A.1. Nous commençons, tout d'abord, par fixer les paramètres tels que, par exemple, la taille de la population, les probabilités du croisement et de la mutation. Nous choisissons aussi le type de sélection, de remplacement, les opérateurs de croisement et de mutation et le critère d'arrêt. Le processus de l'optimisation par un algorithme évolutionnaire commence par choisir aléatoirement dans l'espace de recherche un nombre fini d'individus qui vont constituer la population initiale. A l'étape de sélection, qui est (le plus souvent) stochastique et basée sur la performance, certains individus sont choisis à partir de la population initiale préalablement évaluée pour la reproduction. L'application des opérateurs de croisement et de mutation permet d'obtenir un nouvel ensemble d'individus, appelé « enfants », qui doivent être évalués à leur tour afin de pouvoir décider lesquels d'entre eux « méritent » de remplacer certains parents et de faire partie de la génération suivante. Notons que, à la différence de la nature, la plupart des algorithmes évolutionnaires travaillent avec une population de taille fixe. La convergence de ce processus n'est pas garantie, mais si elle a lieu, c'est grâce aux étapes « darwinistes », au cours desquelles les individus moins aptes (ayant la performance inférieure) sont éliminés avec une probabilité plus grande que ceux qui sont mieux adaptés à l'environnement. Par exemple, la probabilité pour qu'un individu soit choisi pour la reproduction peut être proportionnelle à la performance relative de cet individu.

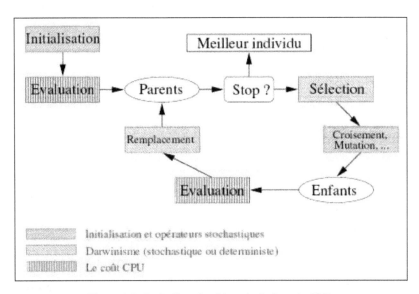

Figure A.1. Cycle d'un algorithme évolutionnaire [98].

## A.3.2 Notions avancées

Plusieurs notions avancées sont apparues dans le but de l'amélioration des performances des algorithmes évolutionnaires multi-objectif. Parmi ces notions nous citons :

- **La technique de clustering :** Cette technique est utilisée pour assurer la diversité des solutions dans l'espace des objectifs. En effet, dans certains problèmes multi-objectif, l'ensemble Pareto optimal est très grand. On utilise alors la technique de clustering pour supprimer un certain nombre de solutions. Le but est d'alléger un ensemble de points dense en conservant une représentativité (diversité) assez élevée. Cet élagage est justifié par plusieurs raisons :

- o Présenter toutes les solutions Pareto optimales est inutile si le nombre de ces solutions est très important,
- o Dans le cas d'un front de Pareto continue, garder toutes les solutions n'est pas nécessaire,
- o Restituer la taille de la population (population principale ou l'archive) de sorte à encourager la diversité des solutions.

- **La technique de sharing (partage) :** Similairement à la technique de clustering, cette technique a pour but aussi d'assurer la diversité des solutions. En effet, selon cette technique, on préfère une solution isolée (peu encombrée) ayant une valeur moyenne de fitness plutôt qu'une solution ayant une très bonne valeur de fitness mais située dans une zone très peuplée. Ainsi, l'heuristique de partage modifie la valeur de fitness d'un individu proportionnellement à son isolement.

- **L'élitisme :** Il s'agit de conserver les meilleurs solutions d'une génération à une autre ce qui permet d'encourager la convergence vers l'optimum.

# Bibliographie

[1] J. D. Schaffer, *Some experiments in machine learning using vector evaluated genetic algorithms*, Ph. D. Thesis, 1984.

[2] R. Allenson, *Genetic algorithm with gender for multi-function optimization*, TR. EPCC-SS92-01, Edinburgh Parallel Computing Center, Edinburgh, Scotland, 1992.

[3] M. P. Fourman, *Compaction of symbolic layout using genetic algorithms*, In Genetic Algorithms and their Applications, Prceedings the First International Conference on Genetic Algorithm, pp.141-153, 1985.

[4] D. E. Goldberg, *Genetic Algorithms in search, optimization, and machine Learning*, Reading, MA: Addison-Wesley, 1989.

[5] V. Pareto, *Cours d'économie politique*, vol. 1 et 2, F. Rouge, Lausanne, 1896.

[6] C. M. Fonseca, and P. J. Fleming, *Genetic algorithms for multi-objective optimization: formulation, discussion, and generalization*, Forrest, S. (ed), Proceedings of the Fifth International Conference of Genetic Algorithms, Morgan Kaufmann, Los Altos, CA, 1993, Morgan Kaufmann Publishers, pp. 416-423.

[7] N. Srinivas, and K. Deb, *Multi-objective function optimization using non-dominated sorting genetic algorithms*, Evolutionary Computation, 1994, vol. 2, no. 3, pp. 221-248.

[8] J. Horn, N. Nafploitis, and D. E. Goldberg, *A niched Pareto genetic algorithm for multi-objective optimization*, Micbalewicz, Z. et al. (eds), Proceedings of the First IEEE Conference on Evolutionary Computation, Orlando, Florida. 1994, IEEE Press, pp. 82-87.

[9] E. Zitzler, and L. Thiele, *An evolutionary algorithm for multi-objective optimization: The strength Pareto approach*, Technical Report 43, Zurich, Switzerland Computer Engineering and Network Laboratory, Swiss Federal Institute of Technology, 1998.

[10] E. Zitzler, M. Laumanns, and L. Thiele, *SPEA2: Improving the strength Pareto evolutionary algorithm*, Comput. Eng. Networks Lab. (TIK), Swiss Fed. Inst. Technol. (ETH), Zurich, Switzerland,Tech. Rep. 103, May 2001.

[11] K. Deb, S. Agrawal, A. Pratap, and T. Meyarivan, *A fast and elitist multi-objective genetic algorithm: NSGA-II*, Technical Report 200001, Indian Institute of Technology, Kanpur: Kanpur Genetic Algorithms Laboratory, 2000.

[12] J. D. Knowles, and D. W. Corne, *Approximating the non-dominated front using the Pareto archived evolution strategy*, Evolutionary Computation, 2000, vol. 8, no. 2, pp. 149-172.

[13] D. W. Corne, J. D. Knowles, and M. J. Oates, *The Pareto envelope-based selection algorithm for multiobjective optimization*, Schoenauer, M. et al. (eds), Proceedings of the Parallel Problem Solving from Name VI (PPSN-VI). Paris, France, 2000, Springer-Verlag, pp. 839-848.

[14] D. W. Corne, N. R. Jerram, J. D. Knowles, M. J. Oates, *PESA-II: Region-based selection in evolutionary multiobjective optimization*, Proceedings of the Genetic and Evolutionary Computation Conference (GECCO 2001), pp. 274-282, San Francisco, California, 2001.

[15] E. G. Talbi, *Une taxinomie des métaheuristiques hybrides*, Dans ROADEF'2000.

[16] J. Ph. Preux, E-G. Talbi, *Towards hybrid evolutionary algorithms*, International Transactions in Operational Research, vol. 6, pp. 557-570, 1999.

[17] C. Grosan, and A. Abraham, *Hybrid evolutionary algorithms: methodologies, architectures and reviews*, Studies in Computational Intelligence (SCI) 75, pp. 1-17, 2007.

[18] V. Bachelet, J. Ph. Preux, and E. G. Talbi, *Hybrid parallel heuristics for the quadratic assignment problem*, In Parallel Optimization Colloquium POC96, Versailles, France, Mars 1996.

[19] D. E. Brown, C. L. Huntley, and A. R. Spillane, *A parallel genetic heuristic for the quadratic assignment problem*, Proc. of the Third Int. Conf. on Genetic Algorithms, San Mateo, USA, pp. 406-415, 1989.

[20] V. Bachelet, Z. Hafidi, J. Ph. Preux, and E. G. Talbi, *Diversifying tabu search by genetic algorithms*, Technical Report LIL-97-13, Laboratoire d'Informatique du Littoral, Calais, Octobre 1997.

[21] D. Vrajitoru, *Hybrid multiobjective optimization genetic algorithms for graph drawing*, GECCO'07, July 7–11, 2007, London, England, United Kingdom. ACM 978-1-59593-697-4/07/0007.

[22] A. Gaspar-Cunha and A. Vieira, *A multi-obective Evolutionary Algorithm using Neural Networks to Approximate Fitness Evaluations*, International Journal of Computers, Systems and Signals, vol. 6, no. 1, 2005.

[23] I. Kacem, S. Hammadi, and P. Borne, *Pareto-optimality approach for flexible job-shop scheduling problems: hybridization of evolutionary algorithms and fuzzy logic*, Mathematics and Computers in Simulation (2002), pp. 245–276.

[24] E. A. Grimaldi, A. Gandelli, F. Grimaccia, M. Mussetta, and R. E. Zich, *A new hybrid technique for the optimization of large-domain electromagnetic problems*, 2005 IEEE Antennas and Propagation Society International Symposium, vol. 2, Issue 1, 3-8 July 2005, pp. 61-64.

[25] L. Y. Tseng, and S. C. Liang, *A hybrid metaheuristic for the quadratic assignment problem*, Computational Optimization and Applications, 2005, vol. 34, no. 1, pp. 85–113.

[26] D. H. Kim, and J. H. Cho, *Robust tuning of PID controller using bacterial-foraging based optimization*, JACIII 9(6), 2005, pp. 669–676.

[27] S. J. Louis, *Working from blueprints: evolutionary learning for design*, Artificial Intelligence in Engineering, 1997, vol. 11, pp. 335–341.

[28] P. Côté, T. Wong, and R. Sabourin, *Application of a hybrid multi-Objective evolutionary algorithm to the uncapacitated exam proximity problem*, Proceedings of the 5th International Conference on Practice and Theory of Automated Timetabling, 2004.

[29] S. W. Mahfoud, and D. E. Goldberg, *Parallel recombinative simulated annealing: A genetic algorithm*, Parallel computing, 1995, vol. 21, pp.1–28.

[30] F. T. Lin, C. Y. Kao, and C. C. Hsu, *Incorporating genetic algorithms into simulated annealing*, Proceedings of the 4th Int. Symposium on Artificial Intelligence, 1991, pp. 290–297.

[31] H. Esbensen, *A macro-cell global router based on two genetic algorithms,* In Proceedings of the European Design Automation Conference, pp. 428-433, 1994.

[32] E. G. Talbi, T. Muntean, and I. Samarandache, *Hybridation des algorithmes génétiques avec la recherche tabou*, In Evolution Artificielle EA94, Toulouse, France, Septembre 1994.

[33] Ph. Preux, D. Robilliard, and C. Fonlupt, *Fitness landscapes of combinatorial problems and the performance of local search algorithms*, Technical Report LIL-97-12, Laboratoire d'Informatique du Littoral, Calais, France, October 1997.

[34] N. L. J. Ulder, E. H. L. Aarts, H. J. Bandelt, P. J. M. Van Laarhoven, and E. Pesch. *Genetic local search algorithms for the traveling salesman problem.* In Parallel Solving from Nature, pp. 109–116, 1990.

[35] Ch. C. Fleurent, and J. A. Ferland, *Genetic hybrids for the quadratic assignment problem*, DIMACS Series in Discrete Mathematics, vol. 16, pp. 173–188, 1994.

[36] Ch. C. Fleurent, and J. A. Ferland, *Genetic and hybrid algorithms for graph coloring*, Annals of Operation Research, 1995.

[37] P. C. Chu, *A genetic algorithm approach for combinatorial optimization problems*, PhD thesis, University of London, 1997.

[38] T. G. Crainic, A. T. Nguyen, and M. Gendreau, *Cooperative multi-thread parallel tabu search with evolutionary adaptive memory*, 2nd Int. Conf. on Metaheuristics, Sophia Antipolis, France, July 1997.

[39] Ph. Husbands, F. Mill, and S. Warrington, *Genetic algorithms, production plan optimisation and scheduling*, In Parallel Solving from Nature, pp. 80–84, 1990.

[40] D. Levine, *Parallel genetic algorithms for the set partioning problem*, PhD thesis, Argonne National Laboratory, Maths and Computer Science Divivsion, May 1994. report ANL 94/23.

[41] R. Karp, *Probabilistic analysis of partitioning algorithms for the traveling salesman in the plane*, Mathematics and Operations Research, vol. 2, pp. 209–224, 1977.

[42] M. Dorigo, and L. Gambardella, *Ant colony system: A cooperative learning approach to the travelling salesman problem*, IEEE Trans. on Evolutionary Computation, vol. 1, no. 1, 1997.

[43] K. C. Tan, T. H. Lee, Y. H. Chew, and L. H. Lee, *A multiobjective evolutionary algorithm for solving vehicle routing problem with time windows*, Systems, Man and Cybernetics, 2003. IEEE International Conference, 5-8 October 2003, vol.1, pp. 361-366.

[44] F. Schlottmann, and D. Seese, *A hybrid heuristic approach to discrete multi-objective optimization of credit portfolios*, Computational Statistics and Data Analysis, 2004, vol. 47, no. 2, pp. 373–399.

[45] V. Kelner, F. Capitanescu, O. Léonard, and L. Wehenkel, *A hybrid optimization technique coupling an evolutionary and a local search algorithm*, Proceedings of the ACOMEN conference, 2005.

[46] C. M .R .R. Lima, M.C. Goldbarg, and E.F.G. Goldbarg, *A Memetic algorithm for the heterogeneous fleet vehicle routing problem*, Electronic Notes in Discrete Mathematics, 2004, vol. 18, pp. 171-176.

[47] M. Gen, and L. Lin, *Multiobjective hybrid genetic algorithm for bicriteria network design problem*, The 8th Asia Pacific Symposium on Intelligent and Evolutionary Systems, December 2004.

[48] A. Lopez Jaimes, and C. A. Coello Coello, *MRMOGA: Parallel evolutionary multiobjective optimization using multiple resolutions*, IEEE Congress on Evolutionary Computation, 2005, vol.3, pp. 2294-2301.

[49] http://ina2.eivd.ch/collaborateurs/rch/Pages_htm/..\Documentations\Optimisation.pdf

[50] http://www.lifl.fr/~talbi/Cours-optimisation.pdf

[51] R. Chelouah, and P. Siarry, *Tabu search applied to global optimization*, European Journal of Operational Research, vol. 123, no. 2, pp.256-270, 2000.

[52] F. Glover, *Future paths for Integer Programming and Links to Artificial Intelligence*, Computers and operations Research, vol. 5, pp. 533-549, 1986.

[53] M. Minoux, *Programmation Mathématique: Théories et Algorithmes*, Dunod, vol. 1, Paris 1983.

[54] A. Berro, *Optimisation multiobjectif et stratégies d'évolution en environnement dynamique*, Thèse de doctorat de l'université des sciences sociales de l'université de Toulouse I, soutenue le 18 Décembre 2001.

[55] K. Lapetoule, *Les algorithmes métaheuristiques*. Liscence, Creative Commons, Juin 2006.

[56] S. Kirkpatrick, C. D. Jr. Gelatt, and M. P. Vecchi, *Optimization by simulated annealing*, *Science* 220, pp. 671-680, 1983.

[57] N. Metropolis, A. W. Rosenbluth, M. Rosenbluth, A. H. Teller, and E. Teller, *Equation of state calculations by fast computing machines*, J. Chem. Phys. Vol. 21, pp.1087-1092, 1953.

[58] P. Moscato, *On evolution, search, optimization, genetic algorithms and martial arts: Towards memetic algorithms*, C3P Report 826, Caltech Concurrent Computation Program, Caltech, California, USA, 1989.

[59] P. Moscato, *An introduction to population approaches for optimization and hierarchical objective functions: A discussion on the role of tabu search*, In Annals of Operations Research, 41, pp. 85-121, 1993.

[60] R. Dawkins, *The selfish gene*, Oxford University Press, 1976.

[61] P. Merz, *Memetic algorithms for combinatorial optimization problems: Fitness landscapes and effective search strategies*, Phd thesis, Department of Electrical Engineering and Computer Science, University of Siegen, Germany, 2000.

[62] K. W. C. Ku, and M. W. Mak, *Empirical analysis of the factors that affect the Baldwin effect*, In Eiben, A. E., Bäck, T., Schonauer, M., and Schwefel, H.-P., editors, Parallel Problem Solving from Nature – PPSN V, Berlin, Springer, pp. 481-490, 1998.

[63] G. M. Morris, S. D. Goodsell, R. S. Halliday, R. Huey, W. E. Hart, R. K. Belew, and A. J. Olson, *Automated docking using a Lamarckian genetic algorithm and an empirical binding free energy function*, Journal of Computational Chemistry, 19 (14), pp. 1639-1662, 1998.

[64] C. Gagne, *Algorithmes évolutionnaires appliqués à la reconnaissance des formes et à la conception optique*, Thèse présentée à la Faculté des études supérieures de l'Université Laval, Mai 2005.

[65] Andrzej Jaszkiewicz, *Genetic local search for multiple objective combinatorial optimization*, Technical Report RA-014/98, Institute of Computing Science, Poznan University of Technology, 1998.

[66] Andrzej Jaszkiewicz, *Do multiple-objective metaheuristics deliver on their promises? A computational experiment on the set covering problem*, IEEE Transactions on Evolutionary Computation, vol. 7, no. 2, pp.133-143, April 2003.

[67] H. Ishibuchi and T. Murata, *Multi-Objective genetic local search algorithm*, In Proceedings of the 1996 International Conference on Evolutionary Computation, pages 119–124, Nagoya, Japan, 1996.

[68] J. Knowles, and D. Corne, *M-PAES: A memetic algorithm for multiobjective optimization*, In 2000 Congress on Evolutionary Computation, vol. 1, pp. 325–332, Piscataway, New Jersey, July 2000.

[69] X. Hu, Z.Huang, and Z. Wang, *Hybridization of the multiobjective evolutionary algorithms and the gradient-based algorithms*, Evolutionary Computation, 2003, vol. 2, pp. 870- 877.

[70] V. Barichard, and J. K. Hao, *Un algorithme hybride pour le problème de sac à dos multi-objectifs*, Huitième Journées Nationales sur la Résolution Pratique de Problèmes NP-Complets (JNPC), Mai 2002.

[71] T. A. El-Mihoub, A. A. Hopgood, L. Nolle, and A. Battersby, *Hybrid genetic algorithms: A Review*, Engineering Letters, vol. 13, pp. 124-137, August 2006.

[72] G. Hinton, and S. J. Nowlan, *How learning can guide evolution?*, Complex Systems, vol. 1, pp. 495-502, 1987.

[73] C. Sung-Soon and M. Byung-Ro, *A graph-based Lamarckian-Baldwinian hybrid for the sorting network problem*, IEEE Transactions on Evolutionary Computation, vol. 9, pp. 105- 114, 2005.

[74] D. Whitley, S. Gordon, and K. Mathias, *Lamarckian evolution, the baldwin effect and function optimization*, in Parallel Problem Solving from Nature - PPSN III, vol. 866, Lecture Notes in Computer Science, Y. Davidor, H.-P. Schwefel, and R. Manner, Eds. Jerusalem: Springer-Verlag, 1994, pp. 6-15.

[75] D. Orvosh, and L. Davis, *Shall we repair? genetic algorithms, combinatorial optimization, and feasibility constraints*, in the Fifth International Conference on Genetic Algorithms, Urbana-Champaign, USA: Morgan Kaufmann, 1993, pp. 650.

[76] C. Houck, J. Joines, M. Kay, and J. Wilson, *Empirical investigation of the benefits of partial Lamarckianism*, Evolutionary Computation, vol. 5, pp. 31- 60, 1997.

[77] D. E. Goldberg, and S. Voessner, *Optimizing global-local search hybrids*, In the Genetic and Evolutionary Computation Conference (GECCO 1999). Orlando, USA: Morgan Kaufmann, 1999, pp. 222-228.

[78] K. Mathias, and D. Whitley, *Genetic operators, the fitness landscape and the travelling salesman problem*, in Parallel Problem Solving from Nature-PPSN 2. Brussels, Belguim: North Holland-Elsevier, 1992, pp. 219-228.

[79] K. Mathias, L. Whitley, C. Stock, and T. Kusuma, *Staged hybrid genetic search for seismic data imaging*, in International Conference on Evolutionary Computation. Orlando, USA, 1994, pp. 356-361.

[80] F. B. Espinoza, B. Minsker, and D. E. Goldberg, *A self adaptive hybrid genetic algorithm*, In the Genetic and Evolutionary Computation Conference (GECCO 2001), San Francisco, USA, Morgan Kaufmann Publishers, 2001, pp. 759.

[81] D. Sharma, A. Kumar, K. Deb, and K. Sindhya, *Hybridization of SBX based NSGA-II and sequential quadratic programming for solving multi-objective optimization problems*, IEEE Congress on Evolutionary Computation 2007, pp. 3003-3010.

[82] W. E. Hart, *Adaptive global optimization with local search*, Doctoral Dissertation, San Diego, University of California 1994.

[83] A. O. Griewank, *Generalized descent for global optimization*, Journal of Optimization Theory and Applications, vol. 34, pp. 11-39, 1981.

[84] A. Törn, and A. Zilinskas, *Global optimization*, In Lecture Notes in Computer Science, vol. 350, Springer Verlag, 1989.

[85] W. E. Hartn and R. K. Belew, *Optimization with genetic algorithm hybrids that use local search*, In Adaptive individuals in evolving populations: Models and algorithms, vol. 26, R. Belew and M. Mitchell, Eds.: Addison-Wesley, 1996, pp. 483-496.

[86] M. Land, *Evolutionary algorithms with local search for combinatorial optimization*, Doctoral Dissertation, San Diego, University of California 1998.

[87] K. Sörensen, and M. Sevaux, *MA/PM: memetic algorithms with population management*, Computers and Operations Research, vol. 33, no. 5, pp. 1214 – 1225, May 2006.

[88] K. Deb, and R. B. Argawal, *Simulated binary crossover for continuous search space*, Complex Systems, vol. 9, no. 2, pp. 115-148, April 1995. Proceedings of the Genetic and Evolutionary Computation Conference (GECCO 2002),

[89] M. M. Raghuwanshi, and O. G. Kakde, *Survey on multiobjective evolutionary and real coded genetic algorithms*, In Proceeding of the 8th Asia Pacific Symposium on Intelligent and Evolutionary Systems, vol. 11, pp. 150-161, 2004.

[90] E. Zitzler, M. Laumanns, L. Thiele, C. M. Fonseca, V. G Fonseca, *Why quality assessment of multiobjective optimizers is difficult?*, In Genetic and Evolutionary Computation Conference (GECCO 2002), New York, NY, USA, pp. 666-674, July 2002. Morgan Kaufmann Publishers.

[91] E. Zitzler, L. Thiele, M. Laumanns, C. M. Fonseca, V. G Fonseca, *Performance assessment of multiobjective optimizers: an analysis and review*, IEEE Transactions on Evolutionary Computation, vol. 7, no. 2, pp. 117-132, April 2003.

[92] E. Zitzler, K. Deb, and L. Thiele, *Comparison of multi-objective evolutionary algorithms: Empirical results*, Evolutionary Computation, vol. 8, no. 2, pp. 125-148, 2000.

[93] C. Grosan, A. Abraham, *Hybrid line search for multiobjective optimization*, International Conference on High Performance Computing and Communications (HPCC-07), Springer LNCS, Houston, USA, 2007.

[94] J. Knowles, *ParEGO: A hybrid algorithm with on-line landscape approximation for expensive multiobjective optimization problems*, IEEE Transactions on Evolutionary Computation, vol. 10, no. 1, pp. 50-66, Feb 2006.

[95] K. Deb, L. Thiele, M. Laumanns, and E. Zitzler, *Scalable multi-objective optimization test problems*, Evolutionary Computation, vol. 2, pp. 825-830, 2002.

[96] N. Belgasmi, L. Ben Said, and K. Ghédira, *Evolutionary multiobjective optimization of the multi-location transhipment problem*, ORIJ: Operational Research, International Journal, vol. 8, no. 2, Springer-Verlag, August 2008.

[97] S. Bechikh, N. Belgasmi, L. Ben Said, and K. Ghédira, *PHC-NSGA-II: A novel multi-objective memetic algorithm for continuous optimization*, In Proceedings of the 20th IEEE conference on tools with artificial intelligence (ICTAI'08), IEEE Computer Society, USA, November 2008.

[98] J. H. Holland, *Adaptation in natural and artificial systems*, MIT Press, 1975.

[99] G. Syswerda, *Uniform crossover in genetic algorithms*, Proceedings of the 3rd International Conference on Genetic Algorithms, 1989.

[100] J. L. Maricharl, *Aggregation of interacting criteria by means of the Choquet integral*, Preprint 9910, GEMME, University of Liège, Belgium, 1999.

[101] A. Kumar, D. Sharma, and K. Deb, *A hybrid multi-objective optimization procedure using PCX based NSGA-II and sequential quadratic programming*, IEEE Congress on Evolutionary Computation 2007, pp. 3011-3018.